Le Poème symphonique

Jean Chantavoine

Larousse, Paris, 1950

© 2024, Jean Chantavoine (domaine public)
Édition : BoD • Books on Demand GmbH, In de Tarpen 42,
22848 Norderstedt (Allemagne)
Impression : Libri Plureos GmbH, Friedensallee 273,
22763 Hamburg (Allemagne)
ISBN : 978-2-3225-4410-3
Dépôt légal : Septembre 2024

TABLE DES MATIÈRES

Avertissement

Chapitre I. — *Les Origines*

Chapitre II. — *Liszt et le Poème symphonique*

Chapitre III. — *Les Successeurs immédiats de Liszt*

Chapitre IV. — *Les Russes*

Chapitre V. — *Les Contemporains*

Quelques mots en guise de bibliographie

Les pages qui suivent abordent un sujet qu'il m'est arrivé de rencontrer déjà, notamment dans Liszt *(collection des « Maîtres de la musique », aux Presses Universitaires de France, Paris), dans* Camille Saint-Saëns *(collection « Triptyque », aux éditions Richard Masse, Bruxelles-Paris) et dans le* Petit Guide de l'Auditeur de musique *(Éditions du « Bon Plaisir », Plon, Paris). En pareil cas, il faut se redire, se dédire ou se contredire... De ces trois inconvénients, que je ne me flattais pas de pouvoir éviter, on m'excusera peut-être d'avoir tenu le premier pour le moindre...*

J. Ch.

CHAPITRE PREMIER

LES ORIGINES

Né ou issu du romantisme musical, le « poème symphonique » est une composition qui, par contraste avec la structure et le développement de la symphonie classique, subordonne cette structure et ce développement à un souvenir, à une idée, à une allégorie, à un symbole que la musique rappelle ou suggère.

L'origine d'un mot n'étant jamais sans rapport avec la chose qu'il désigne, ce mot dévié de son sens primitif trahit toujours une idée faussée, un usage abusif, une dégénérescence quelconque, et il convient de rendre ici au terme de « poème » le sens de « création » que lui donne l'étymologie, selon le verbe grec ποιεῖν, qui veut dire en effet tout ensemble créer et façonner.

Dans les lettres elles-mêmes, ce mot de « poème » ne devrait pas s'appliquer sans distinction à toute pièce de vers, mais à celles seulement qu'inspire un sentiment central. Ainsi, parmi les eaux bornées par deux rives, l'étymologie distingue entre le fleuve, qui a une source et un cours, et le canal, qui n'en a pas. La versification elle-même n'est peut-être pas essentielle à la nature du « poème ». Malgré sa prose, *le Centaure* n'est-il pas un poème ? Malgré ses vers, le *Cimetière marin* est-il autre chose qu'une énigme... comme déjà le *Pollion* de Virgile ?

Cette limitation des termes et de leur sens ou acception s'impose d'une façon plus impérieuse encore en musique, dont l'objet est plus diffus et dont les moyens restent plus vagues que ceux du langage parlé en prose ou en vers.

Que ce soit pour lui faire gloire d'enrichir la musique ou grief de l'altérer, on a souvent le tort de regarder le poème symphonique, fruit du romantisme, comme une invention soudaine, intégrale ; de même que l'habitude s'est prise plus tard de le considérer, par un renversement abusif, comme l'espèce dont la « musique à programme » serait un genre. Il faut dissiper dès l'abord cette première confusion : la seconde s'éclairera d'elle-même par la suite.

Loin de représenter une éclosion brusque et comme parasitaire, que rien n'annonçait ou ne présageait, le poème symphonique accentue seulement d'un trait plus large et plus profond une des lignes tracées avec plus ou moins d'hésitations, d'arrêts, de reprises, de détours, par toute l'histoire et l'évolution de l'art musical.

On a tout dit sur le pouvoir ou l'action, étrangers à elle-même, que les Grecs, fils d'Orphée et d'Amphion, attribuaient à la musique, cherchant dans ses lois l'équation du système planétaire, trouvant jusque dans les quatre cordes de la lyre primitive l'image ou l'écho des quatre éléments, puis, quand elle en eut sept, des sept planètes, découvrant les modes ou les mélismes les plus propres, dans l'éducation civique, à susciter les sentiments nobles et, jusque dans la zootechnie, à stimuler l'ardeur des étalons. En face de vues si vastes, quelle que fût alors l'indigence de l'invention musicale et du matériel sonore, on trouve des essais de leur application à des objets plus précis et plus menus. Ambros cite, au IIIe siècle avant notre ère, un véritable récit musical, dû à Timosthène et retraçant le combat d'Apollon contre le dragon[1]. Des exemples de cette nature jalonnent, à intervalles plus ou moins éloignés, le cours des âges. Ils se multiplient et se précisent depuis les XVIIe et XVIIIe siècles, peut-être sous l'influence du machinisme théâtral auquel la musique se trouvait associée. Les uns sont de nature descriptive ou narrative, comme les six sonates bibliques de Kuhnau (1700)[2], le *Caprice* de J.-S. Bach sur le départ de son « très cher frère », les pièces de Werner (1748) et de Mysliwiczek sur *les Douze Mois*, les nombreuses « batailles » terrestres ou navales dont celle d'Aboukir, par Wanhal, et *le Siège de Gibraltar* de l'abbé Vogler[3]. Dussek fait un « tableau de la situation de Marie-Antoinette » et, plus tard, en évoque la mort. D'autres cherchent non pas l'anecdote, mais le sentiment. Si une sonate de Clementi décrit *la Chasse*, une autre exprime le désespoir de *Didon abandonnée*. Ailleurs, la suggestion essaye de dépasser le domaine du simple pittoresque, comme dans les *Neuf Muses* de Mysliwiczek. Déjà, çà et là, quelques compositeurs s'inspirent d'œuvres littéraires, comme le fera plus tard Liszt dans quelques-uns de ses « poèmes symphoniques ». En 1755, Francesco Geminiani donne *The Enchanted Forest*, d'après le treizième chant de *Jérusalem délivrée* ; en 1777, Raimondi retrace *les Aventures de Télémaque*, où la flûte personnifie Calypso[4], le hautbois Eucharis, le violon solo Télémaque, le violoncelle solo (plus grave) Nestor, tandis que les bois figurent le chœur des nymphes ; Dittersdorf, entre 1783 et 1785, consacre douze symphonies aux *Métamorphoses d'Ovide*[5].

À supposer même qu'il en soit sorti, on ne s'attardera pas plus longtemps à ces œuvres descriptives, qui ont précédé le poème symphonique. Le gland ne définit pas le chêne : c'est le chêne qui, pour nous, fait l'intérêt et le prix du gland, de même que, pour l'amateur, l'arbre, c'est Ruysdaël et pas du tout Linné.

Chez tous ces précurseurs, nous trouvons beaucoup d'enfantillages, contre lesquels un Beethoven réagit tout le premier, dans sa *Pastorale*, en ramenant à leurs éléments expressifs les plus larges (malgré la persistance du rossignol, de la caille, du coucou et de l'orage), les détails multipliés par Knecht dans *le Portrait musical dans la nature*[6]. C'est qu'à l'opposé de ces recherches toutes matérielles, on sent dans la musique classique de la dernière période une poussée encore hésitante, momentanée, obscure, vers une expression nouvelle. Rappelons entre autres chez Beethoven, comme Liszt le fera plus tard, les sonates « pathétique » et

« appassionata », celle des « Adieux », de l' « Absence » et du « Retour », les symphonies « héroïque » et « pastorale », la « Malinconia » du sixième quatuor et, dans le quinzième, le cantique d'actions de grâces du convalescent à la divinité. Dans beaucoup d'autres œuvres, on devine une idée sous-jacente qui les a inspirées, mais qui, faute d'un mot de passe, restent énigmatiques[7]. À ce besoin d'expression, qui est le levain du lyrisme, répond, notamment dans les dernières œuvres de Beethoven, une tentative, encore inconsciente peut-être, pour appliquer à une dialectique affective les formes usuelles de la musique instrumentale ou symphonique, à savoir l'équilibre ou l'opposition tonals, l'élaboration des thèmes, leurs variations et, au degré suprême de la rigueur, le contrepoint et la fugue.

Souci du détail représentatif ou suggestif d'une part et, d'autre part, dictature du sentiment, proche déjà de l'idée ; ces tendances opposées, en cherchant d'instinct à se répondre, ne font souvent que se contrarier. Tel est, au moment où Liszt va atteindre à la maîtrise de sa maturité, le cas d'œuvres aussi différentes que celles de Berlioz et de Spohr.

Berlioz relie l'une à l'autre, par le fil d'une intrigue tout imaginaire et artificielle[8], les cinq parties de sa *Symphonie fantastique* où circule de l'une à l'autre, mais sans s'y incorporer pleinement, le motif d'une « bien-aimée ». Ce thème, après avoir alimenté les « Rêveries, Passions » du début, montré dans la « bien-aimée » l'héroïne coquette et indifférente d'un bal, évoqué son souvenir jusque dans la solitude des champs, exprime la dernière pensée de l'amant meurtrier avant la salve du « supplice », est raillé, caricaturé dans le « Sabbat » de l'enfer :

étincelle décisive, trouvaille de génie, véritable invention dont toute la musique tirera parti depuis Berlioz, en particulier Liszt dans sa *Faust-Symphonie* et Saint-Saëns dans *le Rouet d'Omphale* et le troisième acte de *Samson et Dalila*[9], mais trait isolé que d'autres développeront avec plus d'ampleur et de généralité[10].

Au même moment que Liszt, Spohr (1784-1859) cherchait la même voie. Spohr est un de ces dignes et nobles artistes, supérieurs à une œuvre où ils n'ont pas réalisé dans sa plénitude l'idéal généreux que l'on y découvre pourtant. Quatre de ses neuf symphonies portent des titres et veulent exprimer des symboles : *la Consécration des sons* (1832) d'après un poème de Pfeiffer, qui devait être, avant l'audition, mis sous les yeux des auditeurs ; *la Symphonie historique* (1839), dont les quatre parties évoquent tour à tour la période de Bach-Hændel, celle de Haydn-Mozart, celle de Beethoven, enfin l'époque actuelle ; *le Terrestre et le Divin dans la vie humaine* (1841), où deux orchestres séparés s'unissent ou se répondent pour chanter successivement le monde de l'enfance, le temps des passions et la victoire finale du divin[11] ; enfin *Les quatre saisons*.

Il y avait bien aussi les « ouvertures », telles que la musique de théâtre les connaissait depuis Gluck et surtout Mozart, Beethoven, Weber, Wagner lui-même, dont *Rienzi*, *le Vaisseau Fantôme* et *Tannhäuser* précèdent les premiers poèmes symphoniques de Liszt. Mais, d'une part, l'ouverture de théâtre, faisant allusion aux péripéties essentielles de la pièce, n'atteint pas à ce caractère d'allégorie et de symbole que cherchera le poème symphonique. De plus, qui dit ouverture dit ou suppose opéra, drame ou comédie pour y faire suite. En sorte que l'ouverture constituait plutôt l'énoncé d'un problème qu'elle n'en apportait la solution. Des ouvertures sans pièce, comme *la Belle Mélusine* ou *la Grotte de Fingall* de Mendelssohn, n'étaient que des tableaux de sentiment, fort jolis du reste, mais sans contenu de pensée.

---

1. ↑ AMBROS, *Geschichte der Musik* (I, 481). Ce Timosthène était une sorte d'amiral sous Ptolémée Philadelphe (285-246 av. J.-C.) : les marins devenus compositeurs ne sont donc pas une nouveauté introduite dans l'histoire par Rimsky-Korsakov, Albert Roussel et Jean Cras...
2. ↑ 1° *Combat de David contre Goliath* ; 2° *Saül guéri par David au moyen de la musique* ; 3° *Mariage de Jacob* ; 4° *Maladie mortelle et guérison*

d'*Hiskias* ; 5° *Gédéon, sauveur d'Israël* ; 6° *Mort et enterrement de Jacob*.

3. ↑ Beethoven lui-même n'écrira-t-il pas, en 1814, *la Victoire de Wellington à la bataille de Vitioria* ? On doit encore à l'abbé Vogler un *Jugement dernier* et une *Mort du prince Léopold de Brunswick*, célébrée aussi par Knecht, ce Knecht dont la symphonie intitulée le *Portrait musical de la nature* (1784) devance de plus de vingt ans la *Pastorale* de Beethoven. Avant Richard Strauss, le même Knecht avait composé un *Don Juan*.

4. ↑ Dans la pantomime-ballet de Beethoven, *les Créatures de Prométhée*, cette flûte soupire aux lèvres d'Euterpe, cependant qu'à l'Opéra on voit alors s'aligner sur la scène une rangée de buccins, mieux faits pour la marche d'*Aïda*.

5. ↑ Où un *Phaéton* précède celui de Saint-Saëns.

6. ↑ On pourrait citer et invoquer ainsi plus d'une page de Haydn dans l'admirable *Création* et les délicieuses *Saisons* — dont l'influence sur le romantisme a été énorme ; — mais ici la musique s'étaye sur un texte ou s'inscrit sur un canevas presque scénique : elle n'agit donc pas par elle seule.

7. ↑ Entre autres la sonate pour piano *op*. 90 et, d'après certaines lignes des *Cahiers de Conversation*, la septième sonate pour piano et le trio *op*. 97 « à l'archiduc ».

8. ↑ On sait, par exemple, que la *Marche au supplice* a été prise par lui, textuellement, dans une œuvre antérieure, avec une simple addition de quelques mesures, pour y ramener ce thème de la bien-aimée.

9. ↑ À vrai dire, ce sarcasme musical se rencontre déjà dans le *Don Giovanni* de Mozart, lorsque don Giovanni, au premier acte, pour railler l'agonie du Commandeur, rappelle la phrase de donna Anna : *Come furia disperata* et, dans la dernière scène, lorsque tous les personnages, souhaitant de voir don Giovanni rester « chez Proserpine et Pluton », reprennent ironiquement le thème du Commandeur : *Don Giovanni, a cenar teco*.

10. ↑ Dans *Harold en Italie*, le thème du héros est suivi avec plus de constance que celui de la bien-aimée de la *Symphonie fantastique*. Mais l'œuvre, dans son ensemble, est inférieure et peut-être encore plus hétérogène.

11. ↑ C'est le principe même que Liszt réalisera d'une autre façon dans *les Préludes* et *les Idéals*.

CHAPITRE II

LISZT ET LE POÈME SYMPHONIQUE

Ces tendances divergentes, une main, la plus puissante qui eût jamais tiré du clavier un orchestre, celle de Franz Liszt, allait nouer leurs rayons en un faisceau dans les *Douze Poèmes symphoniques* composés par lui à Weimar, autour de l'an 1850. Né en Hongrie en 1811, mais formé depuis 1823 à Paris dans les années les plus flambantes du romantisme, glorieux à douze ans, bientôt salué ou deviné comme un égal par les artistes de cette époque enthousiaste, jaloux lui-même de s'égaler en effet à eux et d'élever avec lui la musique au niveau et à la dignité sociale de la poésie ou de la philosophie, soutenant cette ambition[1], cette prétention, cette revendication par d'ardents plaidoyers, gavé de littérature française, allemande et italienne, rendu cosmopolite par ses triomphants voyages de virtuose à travers l'Europe, mystique et vaniteux, confondant quelquefois l'autel et l'estrade, l'encens sacré avec le profane, tout ce tumulte généreux mais confus s'était apaisé pour lui et en lui lorsqu'il était devenu, en 1845, directeur de la musique à

Weimar, petite mais insigne capitale, émule de Florence et de Ferrare, où vivaient encore le souvenir, la tradition et presque la présence de Gœthe et de Herder[2].

Ce recueillement — qui dit recueillement dit récolte... — allait porter des fruits dont les prémices dataient de loin.

Dès 1837, Liszt ébauchait la théorie de la musique à programme, en soutenait le principe, en esquissait une « défense et illustration », rattachant cette idée nouvelle à la ligne classique, y montrant la solution d'un problème posé notamment par les dernières œuvres de Beethoven et l'incertitude du sentiment où elles nous laissent[3]. Mais, dès ce moment, il fixe et limite le rôle du programme.

« Le programme n'a pas d'autre but que de faire une allusion *préalable* aux mobiles *psychologiques* qui ont poussé le compositeur à créer son œuvre et qu'il a cherché à incarner en elle... Il peut l'avoir créée sous l'influence d'impressions déterminées qu'il voudrait ensuite porter à la pleine et entière conscience de l'auditeur[4]. » On a souligné ici deux mots significatifs : le programme doit être « préalable » et rester d'ordre « psychologique ». C'est tout le contraire de la musique descriptive, où les développements et les détails suivent pas à pas les indications matérielles nécessaires à leur compréhension.

Entre temps, les compositions de Liszt antérieures aux « poèmes symphoniques » étaient autant d'essais qu'il y développerait et réaliserait. Ses Études assimilaient, comme son jeu lui-même, le piano à l'orchestre, et, le piano devenant par lui tout un orchestre, l'orchestre allait rester pour lui comme un instrument individuel dans sa main[5]. Dès 1834 et dans les années suivantes, quelques-unes des pièces étonnamment neuves et prophétiques de ses *Années de pèlerinage* pour piano célébraient déjà des souvenirs, des tableaux, des symboles ; ses « paraphrases » sur les opéras en vogue n'étaient pas de simples « pots-pourris », mais cherchaient à résumer les caractères essentiels de l'œuvre entière. Autant de matériaux et d'ébauches, souvent déjà de haute valeur en eux-mêmes, d'où sortit la série des « Poèmes symphoniques[6] ».

En constituant avec tant d'éléments divers, voire disparates, le genre du poème symphonique, Liszt ne prétendait ni le définir en théorie ni le fixer en pratique. C'est pourtant ce qu'il a fait par le caractère des siens et, puisqu'on lui doit le mot et la chose, c'est à la chose qu'il convient de demander le sens du mot.

À cet effet, il faut soumettre les douze *Poèmes symphoniques* à un classement qui, au hasard de leur suite chronologique, substitue un ordre où leur unité essentielle ressorte de leur diversité et qui, marquant une ascension du concret à l'abstrait, y montre l'épanouissement de ce symbolisme qui les inspire et les anime.

Le plus proche de la simple narration musicale, du récit pittoresque, de la description sonore, serait *la Bataille des Huns*, qui peint une mêlée guerrière. Deux autres, *Le Tasse* et *Mazeppa*, évoquent des destinées personnelles, historiques, par des épisodes également descriptifs, le bal du *Tasse*, la chevauchée et la marche de *Mazeppa*. C'est encore une destinée individuelle ; quoique légendaire ou imaginaire, que retracent *Hamlet* et *Prométhée*, mais sans mettre en relief aucune scène particulière et en se bornant à l'expression plus générale d'un caractère. Après les destinées individuelles, ce seront des destinées nationales dans *Hungaria* et l'*Héroïde funèbre*, celle-là avec un fort accent de couleur locale et de particularisme, celle-ci évoquant sans acception de nationalité, malgré un lambeau de *la Marserllaise* — mais *la Marseillaise* est devenue alors l'hymne universel de toute liberté soulevée —, la tragédie humaine de toute révolution. Ce sont encore des leçons données par le sens de la destinée humaine, dégagée de toute allusion historique ou individuelle, que chanteront *les Préludes* et *les Idéals*. Voici maintenant, dans *Ce qu'on entend sur la montagne*, la destinée humaine aux prises avec son cadre, la nature. Enfin, si la musique a été l'interprète de tous ces drames ou de tous ces symboles, il reste à en célébrer le pouvoir pur, absolu, s'épanouissant par lui-même et pour lui seul, soit dans l'exultation *(Bruits de fête)*, soit dans la contemplation *(Orphée)*.

Des douze « Poèmes symphoniques », *la Bataille des Huns* est, disions-nous, la plus proche de l'image. Elle veut traduire en musique l'idée qu'éveille le tableau de Kaulbach qui porte ce titre et montre, dans le désordre assez concerté de la bataille, un évêque surgissant, porteur d'une croix qu'il élève au-dessus de la mêlée et, triomphant du choc meurtrier, convertissant les combattants païens à la foi chrétienne. Kaulbach (1805-1874) est, avec Cornelius, Overbeck et Genelli, un des représentants les plus célèbres de cette école des « Nazaréens » qui étale sur de larges surfaces une peinture mince, ample, pâle et molle : on peut en chercher à peu près l'équivalent en France chez Chenavard et, avec plus de fadeur, chez Hippolyte Flandrin. Liszt, quand il s'en inspire, transporte ou garde dans sa musique quelque chose de ce style large, assurément, mais un peu sommaire[7].

S'agissant d'un tableau, un coup d'œil permet ici d'embrasser d'abord le sujet et ensuite de ne pas le perdre de vue à travers les phases d'un développement musical d'ailleurs très simple. Il débute par la ruée orchestrale d'un thème agité, figurant l'assaut des barbares. La structure de ce thème — une seconde augmentée entre deux secondes mineures —,

qui reparaîtra dans l'*Héroïde funèbre*, est avant tout le motif initial de la quatorzième *Rapsodie hongroise*[8], ce qui tendrait à montrer dans les Huns d'Attila les ancêtres de ces Magyars auxquels Liszt se sentait peut-être moins attaché par sa naissance que par le fameux « sabre d'honneur » de 1840... On signale ce détail comme un des traits de lyrisme individuel qui percent jusque dans les plus objectifs des « Poèmes symphoniques ». Du tumulte guerrier naît aux régions graves de l'orchestre pour s'élever, gagner et s'imposer bientôt, une fanfare non moins guerrière, construite sur les simples notes de l'accord parfait mineur, c'est-à-dire opposant d'emblée une sorte de clarté à la ligne plus tourmentée du motif barbare. En progressant peu à peu, elle introduit aux trombones l'ébauche du thème liturgique, *Crux fidelis*. La mêlée se poursuit entre les soldats des Huns et ceux du Christ, c'est-à-dire entre le thème hongrois et la fanfare qui finit par le réduire au silence. Sur le champ de bataille, musicalement conquis et déblayé, la victoire impose la prière et un orgue chante maintenant avec un recueillement pacifié, le thème de la *Crux fidelis* :

Cette action de grâces s'anime peu à peu dans une effusion mélodique plus vive — qui rappelle ou que rappelle un épisode du *Christus* — allègre et tendre tout ensemble, avant de mener à une péroraison où la fanfare et le choral assurent l'empire définitif de la foi, en gardant un peu de pompe guerrière.

L'ensemble musical du poème se résume donc dans l'opposition toujours perceptible de l'épée et de la Croix, à une époque et dans une rencontre où la Croix ne pouvait triompher de l'épée que par l'épée elle-même. Ce symbole très simple, très frappant, fait le centre, l'axe, le principe de l'œuvre ; il en dicte l'esprit, en dessine la forme, en choisit et en éclaire les détails. Bien qu'ils émanent d'un tableau, ces détails affectent donc moins d'intentions descriptives qu'ils n'agissent par une vertu d'équivalence : l'idée d'amener un orgue sur le champ de bataille, et dès le Ve siècle, serait une double absurdité, par son invraisemblance matérielle et son anachronisme. C'est ici la sonorité seule de l'orgue, attachée pour chacun de nous au sanctuaire et au culte chrétien, qui doit parler à l'imagination et non pas à l'œil.

On le voit dès le seuil des « Poèmes symphoniques » et pour le plus narratif d'entre eux, l'élément pittoresque lui-même n'y est pas à proprement parler descriptif. Loin de se subordonner à la vue, la musique s'y substitue pour en tirer des analogies ou des contrastes d'où naît un symbole et, symbole à part, ce jeu de contrastes est celui même où aboutissait le formalisme classique, dramatisé par le lyrisme beethovénien.

Si Liszt a écrit son poème symphonique du *Tasse* à propos de Gœthe, il s'est davantage, nous dit-il lui-même dans une courte préface, inspiré de Byron[2]. Deux lignes de cet avant-propos veulent être retenues, parce qu'il s'y trouve un mot qui, par le sens où il est pris, contient ou révèle toute la poétique de Liszt : « Le Tasse a aimé et souffert à Ferrare ; il a été vengé à Rome ; sa gloire est encore vivante dans les chants populaires de Venise. Ces trois *moments*[10] sont inséparables de son immortel souvenir. » Il y a parfois dans le français de Liszt quelques traces de germanisme[11]. Le terme de *moment* est pris ici par lui, non pas dans son sens passif et temporaire, mais instinctivement avec l'acception de principe actif, d'élément « moteur » que lui donne l'allemand, suivant d'ailleurs l'étymologie, puisque *momentum* vient de *movere*. Ce que retrace le poème de Liszt, ce ne sont pas tant des épisodes successifs dans la vie d'un personnage que les ressorts internes d'une destinée qu'il fera jouer, les vicissitudes de cette destinée se ramenant à l'opposition élémentaire des épreuves et de la glorification, *lamento e trionfo*.

Les éléments musicaux de cette opposition (rythmes, thèmes, harmonies, sonorités) sont d'une lumineuse éloquence, ses phrases, d'une ampleur et d'une clarté souveraines. Ce sera d'abord la majesté sévère, à la fois hautaine et simple, de la formule initiale :

qui bientôt, avec une adresse d'autant plus heureuse qu'elle est plus limpide et donne une impression de spontanéité aisée, passera dans le menuet, évocateur des fêtes de Ferrare :

C'est ensuite ce chant authentique des mariniers vénitiens où survit le souvenir du Tasse, ce chant dont la désolation traînante semble vraiment tirer derrière elle le sillage d'une altière gondole sur un noir canal, entre le bariolage fané des palais déchus. Lorsque le menuet, pimpant et pompeux, issu de l'introduction, peint la cour de Ferrare, il se contrepointe avec le motif altier du héros :

qui le traverse de son arrogance heureuse et semble ne s'y mêler que pour le dominer de la hauteur que lui assurent le génie et l'amour. Après de brefs développements où s'élèvent les assauts de la cabale et de l'adversité[12], le thème initial, dans le ton éclatant et nu d'*ut* majeur, prend un accent de triomphe pour la résurrection par la gloire :

L'essentiel du *Tasso* est donc l'opposition de son *lamento* et de son *trionfo*, opposition toute beethovénienne. Le plan lui-même reproduit, développé seulement avec plus d'ampleur, rempli avec plus d'abondance, le plan de Beethoven dans l'ouverture d'*Egmont*, qui — faut-il le rappeler ? — se termine, elle aussi, par la fanfare d'une apothéose posthume. Dans l'exécution même de ce plan, la présentation des contrastes successifs ou des contraires simultanés adopte deux procédés également familiers au Beethoven des dernières années : la « grande variation » et le contrepoint. Si Beethoven, sans l'afficher, mettait beaucoup de lui dans ses sonates et ses quatuors, Liszt non plus n'est pas absent de son *Tasso*. La « résidence » grand-ducale de Weimar, dont il est alors le souverain artistique, après Gœthe et Herder, peut évoquer pour lui (hormis les faveurs d'une grande duchesse...) cette cour de Ferrare où a régné un moment le génie du Tasse. Il y a là, comme plus loin dans *Mazeppa*, dans *les Préludes*, dans l'*Héroïde funèbre*, dans *Hungaria*, dans *les Idéals* et dans *Bruits de fête*, des souvenirs ou des aspirations personnels, c'est-à-dire de ces éléments d'émotion et d'inspiration où le romantisme puise la sève de la poésie lyrique. Bien peu, parmi les successeurs de Liszt, retrouveront ce ressort caché pour donner au poème symphonique cette spontanéité d'éloquence.

Dans *Mazeppa*, la tragédie d'un destin personnel occupe moins de durée que dans le *Tasso* : il n'y a le temps ni d'une intrigue amoureuse, ni d'une vengeance de Cour, ni d'une réhabilitation : tout se borne à une foudroyante chevauchée, aboutissant à la chute du supplicié, vite relevé et aussitôt porté en triomphe[13].

Ici encore, l'élément descriptif tient beaucoup moins de place qu'il ne semble d'abord. Le thème essentiel de l'œuvre :

lui est bien antérieur, figurant dès 1826 dans le premier cahier d' « Exercices » publié par Liszt, alors âgé de quinze ans, et repris en 1841 dans la quatrième des *Études d'exécution transcendante*, qui porte déjà, mais sans préface ni commentaire, le titre de *Mazeppa*[14]. Le rapport habituel entre le titre et le thème se trouve donc renversé, le titre n'inspirant pas le thème, mais le thème suggérant le titre, c'est-à-dire l'œuvre tout entière. Tel est le cas pour les petites pages du *Carnaval* et des *Scènes d'enfant* de Schumann. Mais l'exemple est ici d'une tout autre ampleur et d'une signification plus profonde.

Après le cri ou le coup de fouet qui lance le coursier, le développement du poème, comme celui de l'Étude d'où il est issu, consiste en de simples variations du thème principal, variations qui ne sont guère ici que des répétitions, serrant seulement le rythme de 6/4 à 4, puis à 3/4 et enfin à 2/4 et tendant la tessiture par des modulations régulièrement ascendantes, pour aboutir à la catastrophe de la chute. Procédé exactement contraire, on le voit, à celui de Hugo, qui multipliait les détails descriptifs, tandis que Liszt se borne à une progression uniforme de l'angoisse.

Mazeppa gisant rompu, brisé, tenu pour mort, le thème obstiné de son héroïsme et de son endurance s'effrite en fragments épuisés, pareils aux soubresauts affaiblis d'un agonisant. Des fanfares, d'abord lointaines et qui se rapprochent, annoncent puis amènent la marche des tribus ukrainiennes qui, découvrant Mazeppa, le relèvent, dans les deux sens du terme, et font de lui leur roi. Le thème de son héroïsme reparaît, non plus avec l'obstination tenace de la chevauchée, mais avec une triomphale ampleur de rythme et de sonorité. La variation n'est plus, cette fois, une répétition, mais une transfiguration.

Loin de suivre vers par vers le poème de Hugo, Liszt n'en a donc retenu que le symbole final :

> ... il court, il vole, il tombe
> Et se relève roi,

opposition et contraste plus marqués encore que dans *Tasso*, plus proches, comme tels, de Beethoven, mais où l'on décèle — toujours comme chez Beethoven — un ferment secret de lyrisme personnel. Le motif principal de *Mazeppa* est, nous l'avons vu, celui d'une Étude extrêmement scabreuse : elle veut, au-delà de la maîtrise, l'audace et une sorte d'héroïsme des doigts et du poignet, poussés jusqu'au défi et qui ne va pas sans périls. La carrière de virtuose, telle que Liszt l'a fournie, comporte, comme l'histoire de Mazeppa, ses doutes, ses échecs, ses triomphes, achevés par ces cortèges de compatriotes retrouvés qui, après l'épuisement d'un concert, vous hissent sur un pavois pour vous remettre en grande pompe un sabre d'honneur. Sous le tapage, prêtons donc l'oreille au murmure, peut-être au soupir de l'*Anch'io...*

*
**

Que doit à son « sujet » un poème symphonique tel qu'*Hamlet* ? Tout juste ce que le drame de Shakespeare laisse de plus général et de plus sommaire dans la mémoire de chacun de nous. Si les deux termes ne juraient l'un avec l'autre — mais la vie du sentiment et celle même de l'esprit connaissent et admettent la simultanéité des contraires[15] —, on pourrait dire que le souvenir est, dans bien des cas, une concentration diffuse. Ainsi le nom d'Hamlet, lu ou prononcé, ne suscite pas dans notre mémoire, suivant leur ordre et dans leurs détails, les épisodes successifs de la pièce : l'esplanade, le livre, les comédiens, le coup d'épée dans la tapisserie, l'égarement d'Ophélie, le dialogue avec les fossoyeurs, l'hécatombe finale et, au centre, l'énigme du monologue. Tout cela se rétracte et se confond, comme dans un ressort enroulé, dans le sentiment vague d'une indécision coupée de saccades, d'une aboulie secouée de violences. Tel est le résidu qui se décante du spectacle, des scènes et des mots. Le drame de Shakespeare est donc la peinture à la fois précise et trouble (aussi trouble que la laissera la musique) d'un caractère sur lequel on n'a pas fini de s'interroger[16], chaque fois qu'un nouveau comédien veut l'incarner à sa manière, sur les planches et aujourd'hui sur l'écran. C'est à ce résidu seul que s'attache Liszt : ainsi faisaient eux-mêmes Byron et Lenau lorsqu'ils reprenaient comme héros d'un poème des personnages de théâtre tels que Don Juan ou Faust.

Après quelques mesures de sombre introduction, l'*Hamlet* de Liszt débute par une lente et inquiète rêverie dont le thème ascendant, presque interrogatif :

prendra tout à l'heure un accent de désespoir passionné,

mais qui d'abord est suivi des saccades et des sursauts familiers aux timides, chez qui la violence est le dernier recours de l'indécision, effets qui se retrouvent dans la *Faust-Symphonie* et dans *Prométhée*, mais plus soutenus. Chez *Hamlet*, ce sont des velléités momentanées, fugaces ; il a le souffle court, haletant : « *He is fat and out of breath* », dit de lui la reine.

Le développement est suspendu par un de ces lents répits de méditation que l'on rencontre souvent chez Liszt et non pas dans ses seuls « poèmes symphoniques » : « allusion à Ophélie », dit la partition ; mais Ophélie joue-t-elle un rôle si important dans le caractère d'Hamlet, sinon dans le drame ? Elle n'est qu'une simple formalité, dont il se désintéresse vite. Le fait même que Liszt ait cru devoir marquer ici son intention en trahit l'artifice : rien de pareil à la Gretchen de la *Faust-Symphonie* ou même à la Francesca de la *Dante-Symphonie*. Après cet épisode un peu adventice, la reprise d'un développement chaleureux et inquiet, sur les thèmes antérieurs, amène une lente conclusion où reparaît le vague initial. Rien non plus, à proprement parler, de funèbre qui puisse évoquer la scène du cimetière et moins encore le massacre final, mais l'affirmation répétée de l'incurable découragement et de l'impuissance devant les hommes et les choses : Liszt ne tue pas Hamlet, il le laisse vivre dans son inquiétude.

Les thèmes de l'œuvre sont expressifs et accentués. L'indécision qu'exprime la musique est bien celle qui émane du drame, mais là, elle est soutenue, éclairée par la matérialité du spectacle, par la réalité corporelle des personnages. Faute de ce tuteur, elle reste ici décevante et énigmatique. L'*Hamlet* de Liszt manque d'ailleurs de ce ressort individuel plus ou moins caché que nous avons rencontré dans *Tasso* et *Mazeppa* et qui, en se détendant, lançait avec plus de force un développement dont il déterminait aussi la courbe.

Comme *Hamlet*, *Prométhée* dessine un caractère [17].

Bien que composé pour précéder le drame de Herder, *Prométhée délivré*, sinon pour y servir tout à fait d'ouverture, le poème symphonique de Liszt débute surtout comme se termine le poème de Gœthe, par un brusque et violent défi :

Und dein nicht zu achten
Wie ich !

C'est ensuite le geste implacable d'Héphaïstos, rivant le Titan à son rocher. Après quelques sursauts de plainte ou de stupeur, le prisonnier se débat furieusement dans ses chaînes, en rappelant dans sa lutte quelques accents de son défi. L'épuisement de l'effort lui impose bientôt une de ces trêves où une illusion d'espoir masque quelquefois pour un moment à l'homme la vanité de ses luttes, au condamné son sort inexorable[18]. Un motif calme, serein, succède à ce combat qui reprend bientôt, plus âpre, plus serré que jamais, sous la forme enchevêtrée d'un vibrant *fugato*. Mais de ce dernier effort le motif de l'espoir se dégage peu à peu, s'affirme cette fois triomphalement, mêlé à quelques souvenirs du défi initial et du sujet de cette fugue, qui marquait le paroxysme du combat d'où Prométhée sort vainqueur : l'espoir timide est devenu la réalité de l'apothéose.

La succession de ces épisodes est ici encore moins descriptive qu'expressive. Dans sa courte préface, Liszt la caractérise par la suite de quatre mots : « Audace, souffrance, endurance, salvation », qui pourraient aussi bien définir les quatre mouvements d'une symphonie traditionnelle. Plus qu'à l'enchaînement de ces quatre éléments, il s'attache peut-être au *tonus* général du poème, à l'expression « orageuse » d'une « désolation triomphante », terme plus lyrique que pictural ou narratif.

Ce contraste, où Liszt résume donc plus qu'il ne le décrit le destin de Prométhée, est, comme dans *le Tasse*, un *lamento e trionfo*, réalisé par le même moyen, la variation d'un thème douloureux aboutissant à une apothéose.

Par les saccades de son rythme, le motif de Prométhée se débattant dans ses chaînes :

montre une analogie étroite avec un de ceux qui, dans la première partie de la *Faust-Symphonie*, expriment le désespoir de Faust aux prises avec les entraves de la destinée :

Le mythe de Prométhée est un de ces indices que les lettres, miroir de la pensée humaine, ont déplacé d'âge en âge, depuis Eschyle jusqu'à André Gide, pour caractériser, sinon éclairer, les inquiétudes de chaque génération. Il y a donc du Prométhée dans Faust, mais il y en a dans Liszt lui-même, tout romantique digne de ce nom épousant ou reprenant à son compte la querelle du Titan. Aussi, le sujet du *fugato* de *Prométhée* :

s'apparente-t-il de près à celui du *fugato* :

de cette riche et puissante sonate — à peine postérieure aux poèmes symphoniques — où Liszt applique tant de procédés et de formules de son lyrisme.

Lyrisme, voilà donc une idée et un terme qui s'imposent une fois de plus devant un de ces « poèmes symphoniques » où l'on s'attendait à trouver surtout images, descriptions, récits.

Dans la courte préface qu'il y a mise, Liszt nous donne l'*Héroïde funèbre* pour le premier morceau d'une symphonie composée par lui après et d'après la révolution de 1830. On sait que, alors âgé de dix-neuf ans, il manqua de succomber à une maladie de langueur et que le bruit de sa mort avait même couru. « Le canon l'a guéri ! », disait sa mère. Que cette résurrection après cet accablement lui ait inspiré l'idée d'une symphonie, dans les années et dans le pays où débutait Berlioz, rien de plus naturel et même de plus probable. Mais cette symphonie n'est certainement pas passée telle quelle dans l'*Héroïde funèbre*. Le thème principal, par son rythme et ses intervalles, est un thème hongrois, celui de la quatorzième *Rapsodie* et de la *Fantaisie hongroise*[19]. Or Liszt, en 1830, ne se souciait pas encore de musique hongroise, tandis que les « poèmes symphoniques » sont contemporains des rapsodies, que va résumer l'un d'eux, *Hungaria*. Le style de l'*Héroïde* n'est pas du tout celui de l'*Album d'un voyageur*, mais celui des autres poèmes, voire d'œuvres ultérieures[20].

De 1830 tout au plus datent, d'une part, le thème chantant en *ré* bémol, qui annonce le trio de la marche funèbre dans la sonate *op.* 35 de Chopin et, d'autre part, les citations de *la Marseillaise*.

L'*Héroïde funèbre* n'est elle-même qu'une marche funèbre, non pas pour accompagner un cortège de funérailles solennelles, mais pour reconnaître, pour explorer à tâtons dans la nuit, après la lutte finie, les ruines d'un champ de bataille où chaque pas trébuche sur un cadavre ou heurte un débris. De là cet accent de « désolation qui s'abat sur les décombres » prêtant sa voix « aux silences qui suivent les catastrophes ». De là aussi ce développement fragmenté, morcelé. Un écho mutilé de *la Marseillaise*[21], tantôt lointain comme dans le recul de la défaite, tantôt proche et éclatant comme une fanfare de victoire, évoque la cause pour laquelle les morts sont morts, tandis que l'ample mélodie du « trio » en *ré* bémol dit le serein épanchement de la clarté lunaire, versée par la déchirure mouvante des nuages nocturnes.

L'*Héroïde funèbre* n'offre donc pas le caractère descriptif et matériel qui serait celui d'une marche funèbre proprement dite. Elle n'en retient que le sentiment, tel qu'il peut régner en effet sur le deuil d'un champ de bataille[22]. En cela, l'*Héroïde funèbre* n'est pas un tableau, mais vraiment un poème, sans élaboration conventionnelle ni représentative.

Hungaria ne chante pas la destinée individuelle de héros légendaires ou imaginaires tels que Prométhée ou Hamlet, historiques — ou à peu près — comme le Tasse ou Mazeppa. Elle condense l'épopée de tout un peuple, d'une façon beaucoup plus ample et plus précise à la fois que par une méditation de deuil comme l'*Héroïde funèbre*. Par sa date, elle se place au centre des étincelantes *Rapsodies hongroises*[23]. Elle emprunte au même fonds de chants ou de danses nationaux ses rythmes et ses thèmes. Mais elle est bien plus que ne serait l'une d'entre elles passant du piano à l'orchestre, comme la troisième revient dans la fière et nerveuse ballade chantée des *Trois Tziganes*. Les *Rapsodies hongroises* rayonnent déjà de poésie et de symbolisme. Comme les polonaises, les mazurkas et les valses pour Chopin, elles apportaient pour Liszt l'écho d'une patrie dont il était déraciné depuis l'enfance, mais à laquelle l'avait rattaché en 1840 une tournée triomphale, marquée par l'octroi du malencontreux « sabre d'honneur », alors si raillé, ce sabre qui va maintenant battre la mesure pour *Hungaria*[24]. L'œuvre a été écrite peu après 1849. Missolonghi, tombeau de Byron et où Delacroix a montré « la Grèce expirante », le Paris des « Trois Glorieuses » et de l'*Héroïde funèbre*, le Varsovie soulevé qui inspire les rafales de l'étude en *ut* mineur (*op.* 10, n° 12) de Chopin, le Lyon de 1834[25], le Pest de 1840 sont pour les artistes de l'époque autant d'exemples ou de symboles des luttes, souvent désastreuses, de la liberté contre l'asservissement, et qui inspiraient déjà l'ouverture d'Egmont, le *lamento e trionfo* de Tasso et Mazeppa.

Liszt tire les thèmes de *Hungaria* de la même veine nationale que ceux des *Rapsodies* : transcription littérale d'après le folklore ou simple analogie d'invention, peu importe. Peut-être n'ont-ils pas ici le nerf, la verve, l'éclat des *Rapsodies*, notamment de la deuxième, si étincelante, de la cinquième, si mélancolique, de la sixième avec la pompeuse élasticité de son début, du brillant et divers carnaval de Pest (la neuvième), de la onzième, de la treizième, de la somptueuse quatorzième. Ici, le panache couronne un casque, la fierté se fait toute belliqueuse et le thème essentiel, par son rythme, sa mélodie, son harmonie et ses timbres, affecte un accent martial très prononcé.

Dans l'élaboration des thèmes, le décousu est un caractère dont le genre de la rapsodie fait plus que de s'accommoder : elle le revendique presque comme un trait de vérité pour peindre l'humeur éparse de tout un peuple et surtout d'une race aussi fièrement capricieuse que les tziganes ou les fils autochtones de la « puszta ». Les rapsodies doivent à ces oppositions brusques, heurtées, leur vie fiévreuse.

Hungaria organise cette diversité pour y mettre l'unité interne, l'unité sensible, intelligible et significative d'une suite logique. Après l'exposition des thèmes, des rappels, des retours surabondants[26] alternent entre le majeur et le mineur comme les péripéties indécises et les perspectives incertaines d'une lutte disputée. Sans les interrompre, un thème plaintif, douloureux, s'y mêle parfois, où semblent gémir ces deuils qui sont le tribut ou la rançon de la victoire elle-même. Après quelques répits de méditation tragique ou d'accablement passager, la péroraison est un triomphe, comme dans la *Bataille des Huns*, *Tasso* et *Mazeppa*.

Ainsi se succèdent, non pas au hasard, comme les fragments d'une rapsodie, mais suivant un cours bien dessiné, l'appel aux armes, le combat avec ses alternatives de succès et de revers, la défaite momentanée, la victoire enfin, saluée par la jubilation populaire. À vrai dire, les choses, pour la Hongrie de 1840, n'avaient pas fini aussi bien que la conclusion de *Hungaria*. L'œuvre se tourne donc vers l'avenir plus que vers le passé, ce qui est le fait de la poésie et non de l'histoire. Nouvelle preuve que, dans ses « poèmes symphoniques », Liszt met plus de lyrisme et d'imagination que d'exactitude documentaire...

*
* *

Dans *les Préludes* avec une éloquence lumineuse, dans *les Idéals* d'une façon plus vague et énigmatique, le symbole de la destinée humaine se libère des allusions légendaires, historiques, individuelles ou nationales rencontrées jusqu'ici.

Les quelques mots de Lamartine d'où sortent *les Préludes* pourraient faire le texte d'un sermon : « Notre vie est-elle autre chose qu'une série de préludes à ce chant inconnu dont la mort entonne la première et solennelle note ? » Cette série, avec Liszt, ce seront à la suite le ravissement de l'amour, le déchirement des orages, la guérison de l'âme, cherchée d'abord au sein de la fature, puis dans la gloire des combats, mais trouvée seulement, à la fin, dans la majesté des vérités éternelles.

Le procédé de développement sera, en majeure partie, celui de la « grande variation », propre en effet à traduire par l'unité du thème et la multiplicité de ses formes, l'identité et la diversité qui définissent le cours de toute existence individuelle.

Un lent exorde est construit sur trois notes, d'abord mystérieuses, interrogatives[27] :

passant à une affirmation solennelle[28] :

qui deviendra plus tard calme, sereine :

à l'aube de l'amour, plus tard dramatique et orageuse :

puis, après la phase de l'amour déçu, belliqueuse :

avant de retrouver à la péroraison sa solennité souveraine d'affirmation, avec la puissance des vérités démontrées.

Le thème d'amour, d'une tendresse et d'une effusion toutes lamartiniennes[29] :

après s'être mêlé aux échos agrestes, s'enflamme et devient martial

pour la conquête où se réalise le destin suprême de l'homme.

C'est un plan qu'auraient pu développer en chaire Bossuet ou Bourdaloue. L'introduction, ample comme un portail ouvrant sur un sanctuaire, fait penser à « Celui qui règne dans les cieux » ou à « Dieu seul est grand ». Au point de vue musical, ces exordes des « Poèmes symphoniques », surtout celui des *Préludes*, rappellent l'introduction qui, dans la symphonie classique, précède souvent le premier allegro. Mais chez Haydn, Mozart et Beethoven lui-même, cette introduction n'offre pas toujours un rapport thématique ou expressif bien déterminé avec le morceau qui va suivre[30]. Entre cette simple introduction de la symphonie classique et l'exorde du poème symphonique on trouve, *mutatis mutandis*, la même différence et, somme toute, le même progrès qu'entre l'ouverture de l'ancien opéra, simple prélude indifférent et étranger au caractère de l'œuvre et celle qui, depuis Gluck[31], Mozart, Beethoven, pour mener à Weber et aboutir à Wagner, se soude par avance à la pièce. Ce caractère de l'exorde était déjà frappant dans le *Tasso*, où nous avons vu le thème initial, bref et solennel, devenir plus tard le menuet si élégant et cambré qui évoquait la cour de Ferrare. Le trait est plus large encore dans *les Préludes*, où il ne relève que du sentiment.

D'une façon générale, d'ailleurs, *les Préludes* sont sans doute le plus remarquable, en tout cas le plus significatif des douze « poèmes symphoniques ». Ils le sont par leur sujet dépouillé de toute matière pittoresque ou anecdotique et purement affectif. Le titre, détaché de la courte phrase qui suffit à l'expliquer, resterait peut-être obscur, sinon ambigu[32], bien que le terme même de « prélude », emprunté par Lamartine à la musique, en soit comme une chrysalide. À part cela, les thèmes sont si nets, si expressifs, si chaleureux, si bien éclairés par les harmonies et les timbres, qu'ils parlent d'eux-mêmes le langage le plus direct ; leurs variations restent à leur tour si spontanées, si logiques et si claires que l'argument peut tomber, comme l'écorce du fruit mûr, sans que l'œuvre en perde rien, car elle fait se succéder des phases de sentiment que, sur quelque plan si humble, à quelque niveau si modeste que se soit déroulée son existence, chaque être humain a traversées pour son compte.

Ces variations, avec les nuances de sentiment qu'elles reflètent, ce sont celles mêmes dont nous trouvons tant d'exemples dans les dernières œuvres de Beethoven, sonates (en particulier *op.* 109 et [33]), quatuors (en particulier le douzième, le quatorzième et le quinzième) et *IXe Symphonie*. On ne diminue pas Beethoven en constatant qu'il procédait avec moins de rigueur et, faute du mot-clef, avec moins de clarté.

Mieux que tout autre « poème symphonique », *les Préludes* ne font donc qu'épanouir les virtualités de l'art classique.

*
**

Comme *les Préludes*, *les Idéals* chantent, d'après le poème de Schiller qui porte ce titre, les aspirations successives de la vie et de l'âme humaine : il s'en faut que ce soit avec la même force et la même limpidité.

La meilleure preuve — une de ces preuves que les logiciens appellent « externes » — en est que Liszt a cru devoir insérer de place en place dans sa partition quelques-uns des fragments du poème auxquels se rapporte chaque développement. Nous avons vu[34] Spohr recourir à cet artifice que le « poème symphonique », s'il se suffit à lui-même et remplit son objet, doit rejeter. À chacun de ces fragments, Liszt donne un sous-titre : essor, désillusion, activité. Il y ajoute de son cru, pour conclure à la façon de *Tasso*, de *Mazeppa*, des *Préludes*, une apothéose. Ce sont, au sein d'une œuvre en une partie, des développements qui reproduisent les quatre divisions d'une symphonie classique : *allegro* (essor), *adagio* (désillusion), *scherzo* (activité) et *finale* (apothéose comme dans la symphonie avec chœur). Après l'élan d'un thème fourni par un rapide arpège ascendant, ces développements sont constitués par les variations de deux thèmes essentiels. Le premier :

très heureux par son retour sur la même note après deux mouvements symétriques en sens contraire[35], se prêtera à la mélancolie de la « désillusion[36] » :

à l'agitation de l' « activité[37] » :

enfin, à l'éclat de l'apothéose[38] :

Par la voix d'un autre thème, l' « essor » agité du début reprend bientôt haleine dans une sereine méditation :

troublée quelquefois aux basses par un rappel du thème initial, mais qui, elle aussi, prendra dans l'apothéose un mouvement d'allègre animation :

On retrouve donc dans *les Idéals* le même procédé que dans *les Préludes*. Le principe de la variation ne s'y montre lui-même ni moins vrai ni moins fécond. Si différents, si contraires qu'ils puissent être, les sentiments divers ou opposés par lesquels nous passons d'un jour ou d'une heure à l'autre, joie ou tristesse, plaisir ou douleur, espoir ou crainte, n'en appartiennent pas moins à une même âme : en cela consiste le drame humain. Telles sont, en musique, les variations d'un même motif : telles, en particulier, dans *les Idéals* comme dans *les Préludes*. Pourtant, si le principe reste dans les *Idéals* excellent et judicieux, la réalisation est moins frappante que dans *les Préludes*, où les thèmes avaient plus d'accent et de souffle, les variations plus de relief, le ressort lyrique plus de puissance.

Dans *Ce qu'on entend sur la montagne*, Liszt suit Victor Hugo pour confronter la destinée humaine avec l'univers qui en est le cadre. Le poète, prêtant l'oreille à une solitude que semblent d'abord peupler seuls la montagne et l'océan, y distingue, « confuses et voilées », deux voix « l'une à l'autre mêlées », dont l'une dit « Nature » et l'autre « Humanité ».

Presque tout se ramènera pour Liszt à ce contraste, et il y a plus de détails musicaux chez le poète que chez le musicien. Hugo, en effet, dans ces voix de l'éther, notait une alternance « d'accords éclatants » et de « suaves murmures », de « harpes », de « fanfare », d'une « lyre grinçante ». Liszt n'écrit pas sous cette dictée, comme faisait Schumann, dans l'une des plus poétiques de ses *Scènes de Faust*, celle d'Ariel, où Gœthe avait lui aussi donné des indications instrumentales. Ne gardant que quatre mots les moins précis,

> ... un bruit large, immense, confus.
> Plus vague que le vent dans les arbres touffus,

il accepte le risque et tient la gageure de rendre ce vague, cette confusion. Tâche ingrate, périlleuse, où l'on ne peut guère réussir, par définition, sans dérouter ou lasser l'auditeur. Là encore, et par définition aussi, la musique n'est pas une peinture, l'immensité, le vague, la confusion ne se décrivant pas. Une fois de plus, il s'agit d'éveiller un sentiment, celui d'une large indifférence, auquel s'opposera la chaleur du cœur humain. L'œuvre conclut sur un thème d'accent religieux. Moins panthéiste que Hugo, animé d'une foi plus précise, Liszt veut qu'ici, après s'être opposées l'une à l'autre, Nature et Humanité se rejoignent, se concilient, se confondent, se résorbent dans le divin. Thèse, antithèse, synthèse : au fond de cet air qu'en tout siècle et dans tout pays respirent les esprits cultivés, subsistaient alors, dans l'Allemagne où vivait Liszt, des traces d'hégélianisme, qui pénétraient tout et dont tout s'imprégnait. Mais le conflit et sa solution trouvaient leur langage dans les contrastes, les débats et la conclusion de la sonate et de la symphonie beethovéniennes, dont le poème symphonique ne fait guère que réaliser les velléités.

*
**

La musique, propre à traduire des symboles dans les poèmes symphoniques que nous venons de parcourir, n'est-elle pas capable de les créer par elle-même ?"Tel est le sens des deux derniers, *Bruits de fête*[39] et *Orphée*.

Après une fanfare qui semble d'abord sonner un ralliement, mais qui reviendra dans une conclusion triomphale, les *Bruits de fête* font se succéder, souvent comme les variations d'un même thème, des accents d'un recueillement religieux, une sorte de gavotte un peu brusque et une scintillante polonaise. Malgré l'unité qu'y apportent le principe et l'emploi du thème varié, ces traits divers peuvent sembler aussi capricieux, aussi disparates que dans l'admirable « Fête à Montmartre » de la *Vie du poète* de Gustave Charpentier ou dans les bouffées d'échos que nous apportent les subtiles et exquises *Fêtes* de Debussy[40]. Mais nous savons par Richard Pohl[41], que Liszt a écrit *Bruits de fête* à un moment où il envisageait comme prochain son mariage avec la princesse Caroline de Sayn-Wittgenstein, grande propriétaire foncière en Podolie. Quel jet de lumière, — encore que donné par une lanterne sourde ! Le titre de *Bruits de fête* pourrait se traduire en clair par *Jour de noces seigneuriales à Wronince*, avec le rassemblement des « serfs » sonné par la fanfare, avec le thème religieux de la bénédiction nuptiale, avec la gavotte un peu déhanchée et surtout la polonaise nationale des réjouissances populaires. Ce lyrisme secret fait d'un tableau, en apparence tout superficiel, un poème comme les autres — et que la réalité n'a pas suivi.

Reste *Orphée*.

On imagine sans peine un poème musical — Saint-Saëns en eût fait une composition analogue à *Phaéton* ou à *la Jeunesse d'Hercule* — empruntant des éléments descriptifs, narratifs ou symboliques, dans la légende d'Orphée, soit à l'épisode d'Eurydice, soit à Orphée déchiré par les Ménades avant que sa lyre ne soit mise par Zeus au rang des constellations.

Liszt se défend d'un pareil dessein. En évoquant non pas la fable, mais le seul nom d'Orphée, il a voulu célébrer la puissance de l'art, c'est-à-dire de la musique et son rayonnement pour apaiser, par ses « flots mélodieux, ses accords vibrants comme une douce et irrésistible lumière », les instincts brutaux de l'humanité et les forces hostiles de la Nature elle-même[42]. Dans nombre des « poèmes symphoniques », des thèmes larges et sereins opposaient aux doutes, aux épreuves, aux tourments, aux orages, ce pouvoir souverain d'apaisement et de lumière :

nous l'avons vu entre autres dans *Ce qu'on entend sur la montagne*, dans *les Préludes*, dans *Prométhée*, dans *les Idéals*, dans les *Bruits de fête* eux-mêmes. À son tour, *Orphée* montre cet empire, mais il l'exerce sans dispute et même sans partage. Tout contraste, tout conflit a disparu. Une effusion majestueuse et douce, dont le souffle n'est que celui d'une poitrine inspirée et la chaleur celle d'une âme émue, s'épanche sans heurt et sans trouble. L'ondulation du sentiment ne dépasse pas l'amplitude qu'elle pourrait offrir dans un andante de sonate, de quatuor ou de symphonie. Rien n'y suggère le mouvement, l'image, l'idée, le symbole même. À peine quelques mesures de lents arpèges, en prélude — comme elles pourraient figurer en tête de toute composition de musique « pure » —, peuvent-elles être associées au nom du harpiste légendaire et laisser imaginer ici une improvisation d'Orphée, une de ces improvisations qui apprivoisaient les bêtes sauvages, amollissaient les pierres, ouvraient les portes de l'Érèbe[43], accomplissaient en un mot tous les miracles ; mais improvisation libre, sans autre objet qu'elle-même et son épanchement, planant au-dessus de toute agitation, ne dominant le monde que pour le pacifier et le bénir. À cette apothéose immatérielle de la musique, point n'est besoin pour triompher de résoudre des problèmes, de trancher des luttes, d'arbitrer ou de terminer des drames. En ce sens, *Orphée* met aux « poèmes symphoniques » de Liszt une couronne idéale, une auréole. Mais cette purification, cette transfiguration de la musique, en l'élevant à ce sommet, ne dépassent-elles pas plus encore qu'elles ne les dominent, la poétique et le principe même des « poèmes symphoniques » ? Ne vont-elles pas jusqu'à les démentir ou à les contredire plus encore qu'elles ne les illustrent et ne les exaltent ? Et ne serait-ce pas dans le procès de tendance, toujours ouvert, qui lui est fait, un témoignage que le poème symphonique porterait contre lui-même[44] ?

*
* *

C'est dans l'examen sommaire de ses « poèmes symphoniques » qu'il convenait de chercher la définition d'un genre dont Liszt est le créateur, définition malaisée et qui risque de se dérober, les seuls genres qui admettent une définition précise étant ceux qui peuvent la demander à leur forme : sonnet, ballade, etc. Mais le propre du poème symphonique est de se créer à lui-même cette forme, d'après son sujet. Comme son principe émane, chez Liszt, de la pensée autant que de la musique, on peut trouver l'essentiel de cette définition chez Alfred de Vigny, en tête des poèmes dont il publiait un choix en 1837, l'année même où Liszt, dans la *Revue et Gazette musicale*, défendait le principe et envisageait le développement de la musique à programme : « Le seul mérite qu'on n'ait jamais disputé à ces compositions, c'est d'avoir devancé en France toutes celles de ce genre, dans lesquelles une pensée philosophique est mise en scène sous une forme épique ou dramatique. » Supprimez dans ces lignes la restriction à la France : chose loisible, puisque la musique est un langage universel ; remplacez les mots « épique » et « dramatique » par celui de « musical » et le manifeste de Vigny devient la devise même de Liszt, formulée seulement avec plus de concision qu'il n'a jamais fait, car il tombait volontiers dans la prolixité, soit qu'il tint lui-même la plume, soit qu'il la confiât à la comtesse d'Agoult ou à la princesse de Wittgenstein.

Mais cette formule ne définit encore que l'objet du poème symphonique. Reste à fixer les conditions qui permettent à cet objet de se réaliser.

Par opposition avec les trois ou quatre morceaux de la symphonie classique, la première de ces conditions est l'unité. Le poème symphonique ne doit comporter qu'un morceau, pour permettre à l'idée ou au symbole qui l'inspire de se développer d'un trait, sans coupure et sans interruption. Cela est si vrai, que Liszt lui-même n'a pas donné le titre de « poème symphonique » à des œuvres où il en appliquait pourtant les procédés et le style : la *Faust-Symphonie*, la *Dante-Symphonie*, les deux *Épisodes* d'après le Faust de Lenau (la *Valse de Méphisto* et la *Procession nocturne*) ; la *Faust-Symphonie* se compose, en réalité, de trois poèmes symphoniques, chacun des trois morceaux caractérisant un des trois personnages principaux du drame, Faust, Gretchen[45] et Méphisto ; la *Dante-*

Symphonie partage aussi ses deux mouvements entre l'Enfer et le Purgatoire.

L'unité est donc essentielle à la définition du poème symphonique ; mais cette unité n'est pas formelle, externe et seulement celle d'un cadre. Elle doit résumer, condenser, une œuvre totale ou une pensée unique : c'est l'unité d'action de la tragédie classique. Tel ne sera pas le cas des deux *Épisodes*, qui n'embrassent pas tout le poème de Lenau, mais n'en rappellent l'un et l'autre qu'une scène isolée.

Inversement, le prédicat de « symphonique » suppose et impose l'orchestre, excluant ainsi du poème symphonique des œuvres qui en suivent la poétique, mais au piano, entre autres, mainte page des *Années de pèlerinage* (par exemple *la Chapelle de Guillaume Tell*, *la Vallée d'Obermann*, *Après une lecture du Dante*, plus tard *les Jeux d'eaux de la villa d'Este*), la *Bénédiction de Dieu dans la solitude*[46], les deux légendes de *Saint François de Paule marchant sur les flots* et de *Saint François d'Assise prêchant aux oiseaux*, la première beaucoup plus éloquente que la seconde.

Dans cette marge que les poèmes symphoniques laissent au piano, on ne saurait exagérer l'importance des pathétiques *Variations* sur le thème de lamentation, plaintives, désolées, mais s'achevant par l'acte de foi du choral : « Ce que Dieu fait est bien fait. » Par sa logique émouvante, par cet aboutissement du doute à la foi, l'œuvre jette après coup et à rebours, sur le sens des poèmes symphoniques, une vive lumière, qui s'étend même bien au-delà et éclaire des œuvres classiques pour nous y montrer de véritables poèmes symphoniques en germe ; qu'il suffise ici d'en signaler deux : la sonate *op.* 110 de Beethoven, où le thème initial, rêveur et hésitant, du premier mouvement

engendrera le sujet, si résolu, si sûr de lui, de la fugue finale[47] :

enfin, la *Fantaisie chromatique et fugue* avec son opposition entre la lassitude du chromatisme descendant, au cours de l'errante Fantaisie[48] et, au contraire, l'assurance conquérante du chromatisme ascendant, du sujet de la fugue, au progrès si ample et si serré, la plus belle fugue peut-être de toute la musique.

L'unité est donc la première loi du poème symphonique, unité externe ou de forme, unité interne ou de sujet : du sujet mais plus encore du sentiment, ressort vivant qui donne à la pensée musicale et à son expression une large ampleur de trajectoire. À cette unité doivent tendre et se subordonner, également au point de vue de la forme, les développements et, au point de vue de la « matière », les rythmes, thèmes, harmonies et timbres, les contrastes eux-mêmes n'ayant pour objet que de donner tout son relief, tout son accent, toute sa clarté, toute son éloquence à cette unité, comme le faisait Beethoven. Il n'est pas un fragment, pas un détail, si séduisants qu'ils puissent être en eux-mêmes, qui ne concourent à cette convergence. Qu'un mot, qu'une phrase, qu'une allusion, qu'un souvenir aident ici à la cristallisation, qu'ils ouvrent à la musique un domaine plus étendu dans l'empire de l'imagination ou du cœur, elle n'a qu'à y gagner. Le défaut en serait peut-être plus sensible dans certaines œuvres de Beethoven. La querelle de principe entre les partisans exclusifs de la musique pure et les adeptes de la musique à programme ne sera jamais tranchée. Il n'y a pas de balance qui permette ici de peser le pour et le contre ; tout se ramène, d'une part à des goûts personnels — dont on ne discute pas — et à des cas d'espèces. Un beau poème symphonique vaut mieux qu'une méchante symphonie ; une bonne symphonie est préférable à un médiocre poème symphonique.

La vérité, une vérité souple, nuancée, presque contradictoire sous ses jours divers, avec l'instabilité radicale de mainte vérité humaine, a été dite par Schumann, musicien en qui survivait une larve de poète : « Ce que font les poètes quand ils cherchent à enclore le sens de tout poème dans un titre, pourquoi les musiciens ne le feraient-ils pas aussi ? Le tout est qu'une telle allusion verbale ait du sens et de la délicatesse : à cela se reconnaîtra la formation d'un musicien... On se trompe assurément, si l'on croit que les musiciens disposent leur plume et leur papier dans l'intention misérable d'exprimer, de figurer ou de peindre ceci ou cela. Mais qu'on ne restreigne pas pour autant les influences et impressions fortuites du dehors. Inconsciemment, à côté de l'imagination musicale, une idée continue souvent d'agir ; à côté de l'oreille, l'œil. Celui-ci, l'organe toujours actif, maintient, au milieu des bruits et des sons, certains contours, qui peuvent former, avec la musique prééminente, des figures déterminées. Plus les éléments apparentés à la musique portent en eux les pensées ou les images créées par les sons, plus la composition aura d'expression plastique ou poétique ; plus fantastique[49] ou aiguë est la conception du musicien, plus son œuvre gagnera en élévation ou en émotion... L'essentiel est que la musique, sans texte ou sans explication, soit quelque chose en elle-même et que l'esprit y règne... Ce n'est jamais un bon signe pour une musique d'avoir besoin d'un titre : car elle n'émane pas alors d'une source intérieure profonde, mais doit son impulsion à une entremise extérieure[50]. »

Le poème symphonique court néanmoins plus d'un danger. La liberté de forme, qu'il affiche comme une de ses conquêtes, n'est-elle pas toute relative et en partie illusoire ? Nous avons vu qu'elle ramène presque toujours le plan et le développement au trinôme hégélien, thèse, antithèse, synthèse, déjà posé, quoique de façon moins explicite, dans les dernières œuvres de Beethoven. Les éléments ou procédés musicaux, dont il fait usage pour réaliser objectivement ses intentions suivant ce plan, appartiennent à un répertoire tout aussi conventionnel, pour ne pas dire usé. Le rythme carré et la trompette des marches guerrières, les saccades de l'agitation, les trémolos de l'inquiétude, le chromatisme strident des orages du ciel ou du cœur, le cor des chevaliers égarés dans les forêts où va percer la petite flûte des lutins, le *quos ego* des trombones, le hautbois des pâtres, le « six-huit » des galops fantastiques, le tambourin des bayadères, le violon ou la clarinette solos pour l'isolement d'une âme désemparée après la « thèse » et l' « antithèse », avant de trouver la clef de la « synthèse », voilà autant de formules qui ont vite tourné au convenu, au rebattu, au poncif, plus vite sans doute que les dessins ou les timbres d'une sonate, d'un quatuor ou d'une symphonie.

Peut-être conviendrait-il de chercher ici par quel jeu des sens, de l'esprit et du sentiment, s'opère cette sorte de projection des éléments musicaux sur un autre plan, dans une autre sphère que ceux de la musique même, en suscitant des impressions, en éveillant des idées, en dessinant même des images qui d'abord y pouvaient sembler étrangères. Il m'est arrivé de rappeler[51] à propos de musique, que, dans notre vie affective, la sensation pure, et surtout la sensation isolée, n'existe pas. Le centre de son noyau sensoriel rayonne d'un halo, comparable aux harmoniques du son fondamental et qui dans ses dégradations imperceptibles, inconscientes, prend une sorte de contact avec le halo pareil d'une sensation différente. Ces franges voisines se pénètrent ; l'une agit sur l'autre de même que les cylindres d'une calandre ou les roues dentées d'un engrenage ; leur contrariété même crée un mouvement et effectue un « travail » qu'un seul de ces cylindres, une seule de ces roues, ne suffirait pas, isolément, à produire. Le résultat de cette action n'est pas infaillible et ne s'obtient pas à point nommé, parce qu'il s'agit d'un phénomène nullement mécanique, mais vital. Il y faut à la fois la spontanéité, l'adresse et la mesure, qui mettent l'invention au service du génie ou du talent. Cette parenté humaine des impressions reste en effet et toujours approximative. Elle ne va ni jusqu'à une entière analogie ni jusqu'à un parallélisme rigoureux[52]. Elle ne dépasse jamais une certaine limite, fût-ce au sens mathématique du terme. Elle conserve malgré tout un jeu, une marge qu'il ne faut pas réduire à l'excès par la contrainte, si l'on ne veut pas que l'assimilation devienne ici un de ces problèmes comme la quadrature du cercle ou la trisection de l'angle, dont l'insolubilité ne s'accuse jamais mieux que par une recherche trop minutieuse, par une poursuite trop acharnée de la solution, erreur que Richard Strauss, par exemple, n'a pas toujours évitée. Impressions visuelles, idées, souvenirs, symboles d'une part et impressions musicales d'autre part restent, en dépit de tout, sur deux plans différents ; d'un plan sur l'autre, il ne doit y avoir qu'une sorte de projection active et non un calque inerte.

D'autres dangers menacent le poème symphonique, dont l'un est la recherche du caractère, de l'accent, dans les thèmes, parfois au détriment de leur valeur intrinsèque ; inconvénient auquel la musique de théâtre — qui le connaît — remédie par le secours du spectacle et du geste. Mais dans la musique pure elle-même, la plus symphonique de toutes les symphonies — la cinquième de Beethoven — développe un motif en lui-même extrêmement pauvre et qui, chez tout autre, fût demeuré stérile...

Il arrive aussi que le poème symphonique, pour atteindre son objet et remplir son dessein, se doive à lui-même de ne pas reculer devant des développements ingrats : nous en trouvons des exemples, chez Liszt, dans le décousu d'*Hamlet* (ce sera bien autre chose, plus tard, chez Richard Strauss) et dans la prolixité de *Ce qu'on entend sur la montagne*. Mais il y a des auditeurs, même attentifs et relativement éclairés[53], que la trituration des thèmes, dans le développement symphonique de la forme sonate, lasse par son insistance.

Le tort ou l'inconvénient le plus grave que l'on puisse objecter au poème symphonique est de supposer chez l'auditeur une éducation historique, littéraire, philosophique moyenne, c'est-à-dire aujourd'hui assez rare et qui le devient chaque jour davantage. Quelques mots sur un programme n'y suppléent pas. À qui ne connaît pas son Shakespeare ou son Eschyle, ils feront prendre Hamlet pour un personnage dans le genre de Triplepatte et Prométhée pour le patron des émeutiers. Faute d'être dès longtemps pénétré jusqu'à une familiarité devenue inconsciente par l'idée ou le symbole que le musicien veut dégager et exprimer, l'auditeur dérouté, égaré, bute, trébuche et s'arrête alors sur des détails superficiels, momentanés, fugaces, dont il cherche en vain la signification matérielle et qui le détournent de l'ensemble. Deux lignes pauvres et sèches qu'il vient de lire ne tiennent pas lieu de cette imprégnation préalable, d'où seul peut sourdre le sentiment et jaillir après lui l'émotion [54].

Parmi les compositeurs eux-mêmes, beaucoup sont tombés dans une méprise analogue. Du poème symphonique, tel que l'avait conçu et réalisé Liszt, ils ont retenu surtout les détails extérieurs et les procédés ; ils ne l'ont souvent suivi qu'en surface. Le mot de dégénérescence risquerait de jeter un injuste discrédit sur des œuvres dont un grand nombre sont belles et attachantes et que chacun a le droit de préférer à celles de Liszt lui-même. On peut au moins parler d'altération et d'une évolution qui marque des progrès dans le détail, mais non dans l'esprit. Chez les successeurs de Liszt, combien d'ailleurs s'en est-il trouvé pour posséder cette large ouverture d'esprit, cette générosité parfois un peu tapageuse du cœur, cette avidité de tout comprendre, cette chaleur d'âme, cette ardeur à tout aimer ? Qu'un peu de la fumée qu'il trouvait chez Beethoven enveloppe et obscurcisse parfois chez lui-même une si noble flamme (on ne doit pas toujours craindre, en parlant de Liszt, quelques expressions démodées) cela est trop certain. Elle ne l'étouffe et surtout ne l'éteint pas pour autant : mais n'est-elle pas morte avec lui ?

Bref, la musique, dans les poèmes symphoniques de Liszt, était un foyer : chez la plupart de ses successeurs, elle tend à n'être plus qu'un reflet. L'influence de Liszt ne s'est d'ailleurs pas exercée d'une façon immédiate, mais seulement après une assez longue éclipse ; dans l'Allemagne musicale, qui eût été le domaine le plus proche de son action, sous la double hégémonie de Wagner et de Brahms, il n'y avait pas de place pour le poème symphonique. Plus tard, les poèmes de Saint-Saëns, en particulier *la Danse macabre*, ont connu une vogue dont Liszt lui-même n'avait pas bénéficié ; ils se sont, dans une large mesure, substitués aux siens pour proposer des modèles.

De plus, si le poème symphonique, sous la forme, non certes fixe et définitive, mais organique et achevée que lui donnait Liszt, n'est déjà plus tout à fait contemporain du romantisme qui, en musique, avait dit son dernier mot avec l'ouverture de *Manfred* et *Lohengrin*, il en est issu directement, comme un fruit à maturité un peu tardive. Mais un genre associé de si près, par nature, aux conceptions littéraires, artistiques et philosophiques d'une époque ne pouvait manquer d'en suivre l'évolution dans les époques suivantes. En France, par exemple, au romantisme succédera le Parnasse, au Parnasse le symbolisme (si mal nommé), au symbolisme l'impressionnisme : la musique symphonique s'y attellera successivement.

Enfin, par la variété de leurs sujets — qui masquait l'unité de principe et de forme —, les « poèmes symphoniques » de Liszt ouvraient aux musiciens du lendemain une quantité de voies divergentes, orientées vers la nature, la foi, la légende, l'histoire, la poésie. S'il est vrai, comme le veut Pascal, que l'erreur la plus générale des hommes consiste à prendre le moyen pour la fin, presque tous les successeurs de Liszt y sont tombés, s'attachant à exploiter les moyens appliqués par lui à la poursuite d'une fin qui leur échappait.

Le terme et, par cet abus du langage, l'idée même de poème symphonique se sont alors étendus dans le langage courant d'une façon abusive pour désigner toute la « musique à programme » et bientôt toute la « musique à titre », genre dont il n'était qu'une espèce limitée, qui, nous l'avons vu, restreignait l'action du programme et du titre. La majorité des auteurs a évité cette confusion et le nombre est somme toute fort restreint des œuvres qui, après Liszt, portent le titre littéral de « poème symphonique ». On rencontre plus souvent ceux de ballade, légende, tableau, mais un tri trop exclusif, opéré suivant ce strict principe de terminologie, donnerait peut-être dans le pédantisme et l'arbitraire.

---

1. ↑ Il en subsiste quelque chose au fond, tout au fond des « poèmes symphoniques », qui lui doivent sans aucun doute un peu de leur

hardiesse, de leur éloquence, mais aussi, par endroits, de leur grandiloquence. Avec Liszt, quand le virtuose, devenu compositeur avant de se faire abbé, passe ainsi de l'estrade à la tribune, quoi d'étonnant à ce que cette tribune tienne le milieu entre l'estrade et la chaire ?

2. ↑ Nous sera-t-il permis de rappeler que nous avons tenté ailleurs (*Liszt*, p. 112 et suiv.) de dégager et d'analyser avec plus de détail les composantes d'où résultent le génie (pour autant que le génie résulte de quoi que ce soit d'assignable) et la poétique de Liszt, tels qu'on les voit se manifester dans les *Poèmes symphoniques* ?

3. ↑ « Pour nous, musiciens, l'œuvre de Beethoven est semblable à la colonne de nuée et de feu qui conduisit les Israélites à travers le désert... Son obscurité et sa lumière nous tracent également la voie que nous devons suivre. » Lettre à W. von Lenz, *Franz Liszts Briefe*, hgg. von La Mara (Leipzig, Breitkopf et Härtel, tome I, pp. 123, 124).

4. ↑ *Gesammelte Schriften* (tome IV, pp. 21 et 50).

5. ↑ Si, dans son écriture « pianistique », beaucoup de formules rappellent l'orchestre, il arrive aussi que le piano s'attarde, reparaisse ou subsiste dans son écriture d'orchestre. C'est sensible, en particulier, dans *Mazeppa*, qui est presque la version pour orchestre d'une des *Études d'exécution transcendante*.

6. ↑ En voici les titres : 1° *Ce qu'on entend sur la montagne* (d'après Victor Hugo) ; 2° *Tasso (Lamento e trionfo)* ; 3° *les Préludes* (d'après Lamartine) ; 4° *Orphée* ; 5° *Prométhée* ; 6° *Mazeppa* (d'après Victor Hugo) ; 7° *Fest-Klänge* (Bruits de fête) ; 8° *Héroïde funèbre* ; 9° *Hungaria* ; 10° *Hamlet* ; 11° *la Bataille des Huns* (d'après Kaulbach) ; 12° *les Idéals* (d'après Schiller).

7. ↑ Nous le verrons de la sorte plus sourcilleux et plus fumeux avec Hugo, dans *Ce qu'on entend sur la montagne*, suave et abondant avec Lamartine dans *les Préludes* et — si nous passons de l'orchestre au piano — dans la *Bénédiction de Dieu dans la solitude*.

8. ↑ Dont une version avec orchestre est devenue, on le sait, la *Fantaisie hongroise*.

9. ↑ Le drame de Gæthe est loin, en effet, d'embrasser toute la vie de son héros et n'en retient qu'un épisode où il n'y a encore que de l'amertume, sans tragédie.

10. ↑ Nous soulignons à dessein le mot *moment*.

11. ↑ Sa mère était autrichienne ; l'allemand était sa langue maternelle et celle de ses premières années. Il l'a toujours pratiqué concurremment

avec le français qui a été pourtant sa langue littéraire.
12. ↑ Au cours de ce développement paraît souvent la plainte d'une gamme chromatique descendante, dont on vante l'accent chez Bach (Liszt écrira plus tard de magnifiques Variations pour piano sur ce thème de Bach) ou chez Mozart : elle n'est pas moins expressive chez Liszt, ni moins classique.
13. ↑ Thème d'amplification littéraire pour Hugo et de symbole musical pour Liszt, cette légende de Mazeppa est d'ailleurs dépourvue, on le sait, de toute vérité historique.
14. ↑ Peu de pianistes se risquent à exécuter ces Études d'après l'édition originale de 1841, d'une virtuosité beaucoup plus luxuriante que la seconde version, jouée communément aujourd'hui et déjà fort difficile : je crois bien pour ma part ne les avoir jamais entendues dans cette première forme que sous les doigts magiques de Busoni. — Dans la *Symphonie héroïque*, le finale varié reprend de la sorte un thème utilisé trois fois déjà par Beethoven, dans une contredanse de 1796, dans les *Variations pour piano*, op. 35, et chose plus significative, dans le final de la pantomime-ballet les *Créatures de Prométhée*, usage qui nous donne la clef de la symphonie « écrite sur Bonaparte », ainsi assimilé à Prométhée.
15. ↑ Dont la musique seule peut se faire l'interprète, fût-ce par l'artifice et grâce aux ressources du contrepoint.
16. ↑ De s'interroger et, à l'occasion, de se battre : il y a une cinquantaine d'années, Catulle Mendès et un journaliste du nom de Georges Vanor allèrent sur le pré, s'étant disputés pour savoir si Hamlet était gras ou maigre.
17. ↑ « Allons tranquillement de livre en livre, de Hamlet en Prométhée », écrivait un jour à Henri Lehmann Mme d'Agoult (*Une correspondance romantique : Mme d'Agoult, Liszt, Lehmann*, p. 226, Paris, Flammarion). Même après leur rupture, on voit de temps à autre se profiler derrière Liszt l'ombre de Mme d'Agoult...
18. ↑ Pour ce drame même, dont la représentation suivait, Liszt a écrit des chœurs qui reprennent quelques motifs du poème symphonique, sur des paroles qui en précisent la signification. Le motif de l'espoir y chante « la divine, humaine et sage Thémis », guide et protectrice des hommes ; le sujet de la fugue, fort élargi, évoque ce qui « fleurit de céleste sur la terre et élève les hommes au rang des dieux ».
19. ↑ Voir plus haut, p. 17.
20. ↑ C'est ainsi qu'un des thèmes du début

reviendra en 1875 comme en-tête aux magnifiques *Variations sur le thème chromatique de Bach* :

21. ↑ S'il date bien de 1830, il devance donc les citations que Schumann fera lui-même de *la Marseillaise* dans le *Carnaval de Vienne* et dans *les Deux Grenadiers*. Ils font penser ici à *la Barricade* d'Eugène Delacroix, avec ce lambeau frangé d'un drapeau tricolore, dont le vent dispute à la hampe le peu que les balles y ont laissé.
22. ↑ Wagner ne s'y est pas trompé et ce motif de l'*Héroïde funèbre* :

ne sera pas perdu pour le prélude du troisième acte de *Tristan*.
23. ↑ Au point de vue de leur publication.
24. ↑ Sur le réveil du patriotisme hongrois chez Liszt, voir ses *Pages romantiques* (Paris, F. Alcan, p. 233).
25. ↑ « Vivre en travaillant, mourir en combattant », Liszt inscrit en exergue cette devise des canuts insurgés, avant le morceau des *Années de Pèlerinage* intitulé *Lyon*.
26. ↑ Si surabondants que Liszt n'a peut-être pas tort d'y permettre et même d'y suggérer une coupure, qui sacrifie pourtant un épisode calme, méditatif, éloquent comme une trêve dans la bataille.
27. ↑ Ces trois notes, Wagner les reprendra au deuxième acte de la *Valkyrie*, dans « l'Annonce de la mort », et César Franck pour en faire le thème essentiel de son inquiète symphonie. Les œuvres de Liszt, en particulier les « Poèmes symphoniques », ont été pour Wagner, au moment où il entreprenait *l'Anneau du Nibelung* et *Tristan*, une mine d'où il a tiré, avec un certain nombre de thèmes, l'exemple d'un style symphonique applicable au théâtre. On s'en aperçoit à sa nouvelle manière depuis *Lohengrin*. Lui-même en convenait dans l'intimité, tout en n'aimant pas que cela fût publié.
28. ↑ La quarte diminuée, en devenant quarte juste, fait passer l'expression du thème de l'incertitude à l'affirmation. Ce sont là des traits, inconscients et vivants chez les maîtres, et qui, chez les imitateurs et les épigones, ne sont plus que froid et inerte calcul.
29. ↑ Le *fa* double dièse est une altération que l'on rencontre avec la même suavité appuyée dans la *Loreley*, pour donner un accent captivant aux séductions de l'ondine.

30. ↑ Sauf, pour Beethoven, dans la *IVe* et la *VIIe Symphonie*, où le thème de l'*allegro* se dégage peu à peu de l'introduction. Ce sera le cas, d'une façon bien plus nette, dans la *Ire Symphonie* de Schumann et dans la *Symphonie écossaise* de Mendelssohn, œuvres toutes pénétrées de romantisme, malgré leur fidélité aux formes classiques.
31. ↑ Et en France le *Déserteur* de Monsigny.
32. ↑ Reyer, dans un feuilleton, parle ainsi d'*un* des *Préludes* de Liszt, qu'il aurait entendu à Bade...
33. ↑ La *canzonetta* qui termine l'*op*. 111 n'est elle-même qu'une variation ou a été précédée par une variation, la vingt et unième des *Trente-trois Variations pour piano sur un thème de Diabelli*, si hésitante, si nuageuse, quelquefois si discordante et que transfigure d'une façon prodigieuse le thème si serein, si pur, si éthéré de la *canzonetta*.
34. ↑ Voir plus haut, p. 12.
35. ↑ Ainsi des mouvements différents ou opposés de la pensée ou du sentiment nous ramènent souvent à la même idée, au même état d'âme.
36. ↑ Un épisode de cette « désillusion » s'apparente à l'un des *andante* de la sonate de Liszt.
37. ↑ Ici encore Wagner a tendu l'oreille et cette « activité » deviendra celle des Nibelungen, dans la forge souterraine d'Alberich, au troisième tableau de *l'Or du Rhin*.
38. ↑ *Pomposo, disperato*, les indications de cette nature, que l'on rencontre parfois chez Liszt, accusent une redondance, une enflure à laquelle il n'échappe pas toujours.
39. ↑ *Fest-Klänge* : le mot *bruit* n'est pas une traduction exacte du mot *Klang* qui évoque des sons plus rayonnants, comme est déjà le son musical. Mais *Sons de fête* serait inacceptable en français. Malgré moins de fidélité littérale et l'idée d'éloignement qui s'y attacherait, *Échos de fête* serait peut-être une formule meilleure.
40. ↑ Qui, comme la charmante et rare *Soirée dans Grenade*, doivent bien quelque chose à l'épisode en *si* majeur de la polonaise en *mi* bémol mineur (op. 26, n° 2) de Chopin.
41. ↑ Pohl, Uhlig, Weissheimer, Alexandre Ritter, Georges Herwegh, Hans von Bülow lui-même : autant de familiers à qui nous devons des indications souvent précieuses sur Wagner et Liszt. Sans doute n'éclairent-ils pas plus, à la dérobée, que l'envers du décor, mais auquel cette lumière donne parfois sur tel ou tel point une transparence révélatrice.
42. ↑ Il y a ici une étroite parenté d'expression entre *Orphée* et quelques pages des *Consolations* pour piano, écrites à la même époque ; le terme

ou l'idée de « consolation » peut donc s'appliquer dans une certaine mesure aux épanchements plus amples d'*Orphée*.
43. ↑ C'est sur un des thèmes d'*Orphée* que le Voyageur, au premier acte de Siegfried force la porte de *Mime*.
44. ↑ *Orphée* est le titre donné à l'un de ses fragments de *Palingénésie sociale* par le doux et nuageux Ballanche : dans les années les plus enthousiastes de sa jeunesse, Liszt avait fréquenté et grandement vénéré ce dernier-soupirant de Mme Récamier.
45. ↑ Dont le thème délicieux reparaîtra, à la fin du troisième morceau, pour chanter l'*Éternel féminin*.
46. ↑ Les *Funérailles* restent dans l'ombre de l'*Héroïde funèbre*.
47. ↑ Les formules d'arpèges brisés passent aussi du premier mouvement au finale et accentuent cette unité interne.
48. ↑ Rappelons ici qu'en allemand *Phantasie* veut dire « improvisation ».
49. ↑ C'est-à-dire, « créatrice d'images, de formes ou de rêves » : le terme est en allemand beaucoup moins fort qu'en français ; mais tout autre mot français serait trop faible pour rendre le sens du mot allemand.
50. ↑ SCHUMANN, *Gesammelte Schriften über Musik und Musiker, passim.*
51. ↑ *Petit Guide de l'auditeur de musique*, Avant-propos, *passim.*
52. ↑ Le parallélisme est d'ailleurs un principe stérile, puisque deux parallèles ne se touchent jamais, sinon à l'infini (ce qui est matière à une controverse éternelle) : seules, certaines courbes, qui gardent l'apparence du caprice, permettent un contact entre leurs points.
53. ↑ Entre autres Eugène Delacroix (*Journal*, II, 154).
54. ↑ Trois exemples à l'appui : 1° La bévue de Reyer sur les *Préludes* de Liszt (voir plus haut, p. 35) ; 2° Il y a une quinzaine d'années, un compositeur soumettait à un chef d'orchestre réputé, directeur d'une association de premier plan, un poème symphonique intitulé *Gethsémani*. Peu disposé pour une raison ou pour une autre à recevoir l'ouvrage, et poussé par l'insistance de l'auteur dans les derniers retranchements de l'échappatoire, l'éminent batteur de mesure finit par lui demander : « Et puis d'abord, *Gethsémani*, qu'est-ce que ça veut dire ? » Ne comptez donc pas trop, vous qui écrivez de la « musique à programme », sur la vertu suggestive ou éclairante d'un titre quelconque... ; 3° Plus récemment, le chroniqueur polyvalent qui, dans *le Figaro*, emprunte un pseudonyme élégant à la toponymie de Proust, rendant compte d'une cantate de Paul Hindemith exécutée sous la direction de l'auteur, au festival de Lucerne et vantant le brio de cette exécution, parlait de l'œuvre comme célébrant « le peintre Matisse » *(sic)*, alors que, nul ne l'ignore, le *Mathis, der Maler* de Paul Hindemith

n'est pas Henri Matisse, mais Mathias Grunewald (1475-1528 [?]), le fameux peintre de Colmar...

CHAPITRE III

LES SUCCESSEURS IMMÉDIATS DE LISZT

Le premier successeur direct et disciple avéré de Liszt est ici Saint-Saëns, qui reprend le titre de « poème symphonique » pour *le Rouet d'Omphale* (1871), *Phaéton*[1] (1873), *la Danse macabre* (1874) et *la Jeunesse d'Hercule* (1877). On s'étonne presque de voir un praticien de la musique absolue tel que Saint-Saëns sacrifier à un genre où la musique s'évade plus ou moins d'elle-même. Mais n'y recourt-il pas au contraire comme par instinct, pour dépasser les limites parfois un peu étroites de son imagination et étendre, grâce à ce tremplin, la portée de ses élans ? Loin de montrer d'ailleurs cette étroitesse du goût qu'on lui a souvent reprochée, Saint-Saëns admire avec flamme les maîtres les plus opposés à sa nature, Berlioz, Liszt et (au moins en 1876) Wagner. Son étude des *Portraits et Souvenirs* sur les poèmes symphoniques de Liszt est un dithyrambe. Il ne s'est pas borné à les célébrer par la plume. Il s'en est fait le champion, les jouant à deux pianos avec Francis Planté, en dirigeant des exécutions orchestrales, bravant ainsi, pour les imposer, l'indifférence, la routine ou l'hostilité du public. Mais jusque dans l'admiration la plus active, la plus combative même, il garde cette indépendance de jugement, dont le caprice apparent n'est que lucidité, pondération, équilibre. Il n'hésite pas, en les louant, à déceler dans les poèmes symphoniques de Liszt de la surabondance, de la prolixité, de la diffusion. Leur exemple n'est donc pas en tout point un modèle. Saint-Saëns aligne, élague, ajuste. À des développements plus sobres, à des perspectives mieux dégagées, à un orchestre moins empâté et plus transparent, le genre même ne fera que gagner.

En cela, Saint-Saëns n'obéit pas seulement à sa nature individuelle, qui corrige tout ce qu'elle touche et ramène tout à un niveau pratique. Il se montre de surcroît fils d'un pays épris d'idées claires, peu enclin aux excès de goût et contemporain d'une époque où à la fougue abondante du romantisme, que l'on a vue se survivre chez Liszt, succède l'ordre du Parnasse, temple de l'art pour l'art et de la beauté impassible[2]. Il évitera donc trop d'abstraction dans le symbole, qui ne dépassera pas l'allégorie plus sensible. Plus de préfaces, de manifestes ou de longues citations comme dans *Ce qu'on entend sur la montagne, Tasso, Mazeppa, Prométhée, les Idéals* : à peine un mot d'explication ou d'avertissement, au titre, pour montrer dans *le Rouet d'Omphale* « la lutte triomphante de la faiblesse contre la force », dans *Phaéton* la chute de l'orgueil, dans *la Danse macabre* son simple caractère funèbre, dans *la Jeunesse d'Hercule* l'opposition des plaisirs bruyants et de la mâle vertu. Le développement s'astreint à une concision dont Liszt faisait quelquefois trop bon marché. Si les éléments pittoresques, descriptifs, en particulier dans *le Rouet d'Omphale*, ne sont, d'après lui, qu'un « prétexte » pour illustrer, éclairer, mettre en scène un symbole, ils prennent pourtant plus d'importance qu'il ne le dit et peut-être ne le croit. Ils rejettent dans l'ombre l'apologue. La musique y gagne en mouvement et en couleur ; elle y perd en émotion. Du symbole des romantiques, nous descendons à l'allégorie galante des peintres, graveurs et sculpteurs du XVIIIe siècle, Boucher, Coypel, Eisen, Pigalle et leurs émules.

La fileuse du *Rouet d'Omphale* est charmante par la légèreté de son rythme, avec son départ hésitant, puis avec sa pulsation qu'accentue et maintient le partage du motif entre les premiers et les seconds violons, enfin par sa sonorité diaphane. Le thème d'Omphale s'en dégage avec un naturel parfait. Le thème d'Hercule amoureux, enchaîné et suppliant (c'est tout un) :

a de l'accent et la raillerie d'Omphale le caricature avec beaucoup d'esprit :

suivant cet exemple de Berlioz dans la *Symphonie fantastique*[3] que Saint-Saëns lui-même reprendra au troisième acte de *Samson et Dalila*. Mais la frivolité d'Omphale tourne un peu à la scène de ballet et, le poème symphonique étant évocateur d'images, on voit ici deux jambes de jersey rose tricotant, sous le parasol d'un tutu, les pointes de leurs chaussons blancs. Une exégèse trop sévère ne serait pas d'ailleurs à court d'objections, d'abord sur l'anachronisme de ce rouet[4] — invention qui date du moyen âge — et sur son caractère, mieux fait pour une ménagère diligente que pour une reine coquette. Enfin, le poème ne conclut pas, et c'est ici que le poème descend de l'apologue à la simple allégorie. Le rouet cesse peu à peu de tourner et finit par s'arrêter, mais sans que l'on sache si c'est sur la victoire d'Omphale ou celle d'Hercule. Un poème symphonique dans l'esprit du romantisme eût imposé une péroraison plus explicite.

Cette péroraison, nous la rencontrerons dans *Phaéton*, claire et éloquente à souhait. Ici l'élément descriptif et pittoresque est, comme le veut le sujet, plus brillant que dans *le Rouet d'Omphale* ; mais il est plus étroitement attaché au sens de l'œuvre. Le thème qui évoque la course du char flamboyant est admirable par l'union de sa ligne, dessinant la courbe même de l'arc-en-ciel, et de son rythme où sonne le sabot des chevaux au galop. Quand le progrès de ce motif si puissant a élevé jusqu'au zénith l'orgueilleux Phaéton, une fanfare des trompettes et des trombones semble proclamer son triomphe, mais les flammes de la lumière, gagnant tout le firmament, menacent d'embraser l'univers et Zeus abîme l'attelage de l'imprudent[5]. Du silence et de l'immobilité de sa chute s'élève, pour conclure, un thème de grave méditation, qui semble tirer la leçon de la catastrophe et de la punition. Le modèle s'en trouve moins peut-être dans tel ou tel poème symphonique de Liszt, comme *la Bataille des Huns*, que dans la légende, pour piano, de *Saint François de Paule marchant sur les flots.*

Des quatre poèmes symphoniques de Saint-Saëns, le plus populaire et le plus illustre reste *la Danse macabre*, qui mérite ce rang de faveur et de célébrité par son thème mordant, par la mélancolie âpre et sombre de son violon solo, par ses sonorités hallucinantes, par son écho mi-lugubre, mi-sarcastique du *Dies iræ*[6], par la netteté de son développement et son équilibre jusque dans la fantasmagorie. De tous les quatre, c'est pourtant peut-être celui auquel s'appliquerait le moins bien le titre de « poème symphonique ». Sans analogie thématique, mais par ressemblance de sujet et de structure, ne rappelle-t-il pas cette *Valse de Méphisto*, qualifiée par Liszt de simple « épisode » plutôt qu'inspirée du *Faust* de Lenau ? La description ou l'évocation pittoresque semble y régner sans partage et même sans contraste, comme dans un tableau homogène. Pourtant le violon du diable, dans la *Valse de Méphisto*, ne déchaînait qu'un tourbillon de danseurs dans une guinguette de village, au lieu que *la Danse macabre* ressuscite des morts, réveille des esprits, met en branle un cliquetis de squelettes. Le surnaturel s'y évade du réalisme. Le *Dies iræ*, tourné en dérision, peut être entendu comme un défi de l'enfer au ciel. Voilà un premier élément « poétique » pour justifier le titre de « poème ». Quant au rôle ou au caractère du violon solo, il est complexe. Ses doubles cordes, qui comme dans la *Valse de Méphisto* déclenchent la danse, doivent à l'accord de la chanterelle sur *mi* bémol une étrangeté suggestive. Plus loin, avec l'amertume de son chant soutenu dans une tessiture relativement grave, ce n'est plus l'infernal ménétrier, mais l'ange déchu, esclave de sa révolte et de ses maléfices, avant qu'à la conclusion il ne semble prendre la voix de quelque imaginaire « récitant » d'oratorio. Autant de traits ou de détails de *la Danse macabre* qui, tout descriptifs en apparence, y apportent un élément méditatif pour faire en effet du « tableau » un « poème ».

Dans *la Jeunesse d'Hercule*, d'Hercule disputé entre le vice et la vertu et gagnant l'immortalité par sa victoire et son supplice, le contraste bien marqué des deux principes, des thèmes qui les représentent, et de leurs développements respectifs, nous ramène d'une façon plus visible à la poétique de Liszt, fort clarifiée. Après une introduction hésitante, un motif d'une noble allure à la fois solennelle et aisée guide les pas du héros sur la route du devoir. Il y est arrêté d'abord par un appel lointain et caressant de nymphes, puis par un cortège de frénétiques et lascives bacchantes[7] dont, à vrai dire, le bruyant attirail, avec ses tambours de basque et ses sistres, sent un peu le magasin d'accessoires et, comme dans *le Rouet d'Omphale*, la scène de ballet. Un récitatif sévère — l'unisson des vents, des cuivres et des cordes en appuie par cette sorte de totalité sonore le caractère impérieux — les arrête : le motif du devoir reprend, s'anime, s'exalte et mène à une apothéose finale. L'austérité triomphe du plaisir, la vertu de la débauche, avec beaucoup plus d'évidence que la séduction féminine, dans *le Rouet d'Omphale*, ne subjuguait la force du même Hercule.

Pages brillantes et réussies, les quatre « poèmes symphoniques » de Saint-Saëns, qui, en France au moins, ont contribué, plus que ceux de Liszt lui-même, à accréditer ce genre, ne le représentaient déjà, pourtant, qu'avec un certain amenuisement de la forme et, surtout, avec un affaiblissement du lyrisme, devenu plus allégorique que symbolique[8].

À peu près dans les années où Saint-Saëns écrivait ses quatre poèmes symphoniques, en Bohême (on n'avait pas encore inventé la Tchécoslovaquie...), Smetana donnait le titre commun de *Ma patrie* à un cycle de six œuvres de ce genre, composées de 1874 à 1879. On sait que la monarchie austro-hongroise englobait alors la Bohême, en ne lui conservant que d'une façon toute fictive la qualité de royaume, la politique de Vienne travaillant au contraire à germaniser le pays, à en effacer le caractère national, à lui faire oublier jusqu'à sa langue. Régime d'une oppression sourde et pesante, mais sans brutalité, et qui, ainsi, ne provoquait même pas comme dans la Pologne russe le sursaut des révoltes. Engourdi, assoupi, le sentiment national risquait de s'éteindre peu à peu avant d'expirer tout à fait : il ne survivait plus guère que dans les mœurs paysannes et dans le cœur silencieux de quelques patriotes. Smetana (1824-1896) s'en est fait le chantre, et le meilleur de son œuvre est un hymne à la patrie tchèque. Sans aucun trait politique, d'ailleurs, sans allusion agressive, sans l'ombre de carbonarisme, sa célèbre *Fiancée vendue*, par ses tableaux chantants de coutumes agrestes et par une musique nourrie à la sève du terroir, a plus fait que des discours, des manœuvres politiques, des complots et des soulèvements pour affirmer les Tchèques dans la conscience d'eux-mêmes, dans le sentiment de leur survie nationale et dans la confiance en un avenir indépendant. Affirmation que le succès de *la Fiancée vendue*, en Autriche et en Allemagne, a portée chez ceux mêmes qui cherchaient à la nier...

Le cycle de *Ma Patrie* a joué dans la symphonie et au concert le même rôle que *la Fiancée vendue* au théâtre[2]. Smetana y obéit à une double influence de Liszt, qu'il avait rencontré dans sa jeunesse et qui lui-même, avec sa vaste, généreuse et infaillible divination, l'avait distingué. Les éclatantes *Rapsodies hongroises* lui montraient le corpus musical d'une nation moins opprimée sans doute que la sienne, mais tenue aussi en tutelle par les mêmes maîtres.

Quant aux douze « poèmes symphoniques » — où *Hungaria* lui offre l'exemple d'une épopée patriotique condensée en quelques pages —, il en reprend l'esprit et jusqu'à certains procédés.

Le premier des six poèmes du cycle évoque *Vysehrad*, le glorieux rocher où s'élevait jadis, dans les temps préhistoriques, comme le *Walhall* de *l'Or du Rhin*, le palais des rois Prémyslides ; il en chante la splendeur puis, après les combats qui l'ont assailli et détruit, la ruine qui ne domine plus qu'un désert. La harpe de l'aède légendaire Lumir ébauche d'abord un thème qui, amplifié par l'orchestre entier :

célébrera la majesté du castel héroïque et, après les péripéties de l'épopée, ne surgira plus à la fin que pour s'éteindre dans un ultime écho de la harpe inspirée.

Le deuxième poème, la *Moldau* (en tchèque *Vltava*) chante la puissante rivière, vivante artère du pays et qui, après l'avoir traversé tout entier en baignant Prague, va grossir en Saxe l'Elbe allemand (symbole du rôle que le germanisme envisagea longtemps pour la Bohême[10]). Le tracé d'un cours d'eau n'est pas ici un simple artifice descriptif. À mesure que le mince ruisseau du début s'enfle et s'élargit, ses eaux reflètent des scènes de la vie nationale, réelles ou imaginaires, une chasse dont on entend les sonneries, les chants et danses du peuple sur une prairie, les fées des eaux et leurs ébats nocturnes, les cascades d'un défilé étranglé entre des rocs sourcilleux, enfin, devant Prague aux cent tours, la solennelle Vysehrad, avec le retour du motif qui la symbolisait dans le poème qui en porte le nom.

Avec une moindre valeur musicale, les autres poèmes obéissent à la même inspiration. Le troisième, *Sarka*, rappelle la légende d'une cruelle amazone tchèque qui se venge d'un amour trahi en séduisant un certain chef dont elle fait ensuite massacrer les hommes par la troupe de ses compagnes. Simple « ballade », comme seront la *Thamar* de Balakirev et le *Sadko* de Rimsky-Korsakov, mais où la vertu de la légende nationale tient lieu de symbole.

Le quatrième poème est une scène de danses et de chants populaires dans les *Prairies et bocages de Bohême*, équivalent symphonique de *la Fiancée vendue*.

Les deux derniers, *Tabor* et *Blanik*, célèbrent, l'un la ville des Hussites, illustrée par les guerres de l'indépendance, l'autre la colline où dorment enterrés, en attendant la résurrection que leur promet la gloire du pays tchèque, les héros des guerres hussites. Aussi populaire en Bohême que peut l'être chez les réformés le choral de Luther, un vieux choral tchèque en l'honneur des guerriers de Dieu paraît dans l'un et l'autre poème, intégralement dans *Tabor*, partiellement dans *Blanik*, où seule sa conclusion : « Avec lui vous finirez par triompher », forme celle de l'œuvre. Un choral animait de la sorte *la Bataille des Huns* de Liszt. Celui de Smetana offre un caractère peut-être moins liturgique, sinon moins religieux, mais plus national : il plonge donc dans le souvenir et dans l'âme du peuple des racines non moins profondes, non moins vivantes. Il suffit à faire de l'œuvre, non pas une page narrative ou descriptive, mais un poème où respire l'âme d'une nation dans la pensée d'un compositeur. La communauté de certains motifs entre *Vysehrad* et la *Moldau* d'une part, entre *Tabor* et *Blanik* de l'autre, donne au cycle tout entier une puissante unité comparable (malgré l'énorme différence de nature et de niveau) à celle de *l'Anneau du Nibelung*. Elle y met ou y révèle une sorte de ferveur secrète, d'une sincérité, d'une noblesse qui rehaussent le mérite de ces six pages, d'ailleurs éloquentes et pittoresques. Elles élèvent la musique au rang et au rôle d'épopée, avec plus de suite et de précision que n'avait fait *Hungaria* : c'est là une des conquêtes et des gloires dont peut s'enorgueillir le poème symphonique[11].

Dans les années où Richard Strauss naissait à la vie artistique, l'Allemagne impériale, devenant en Europe, comme les États-Unis l'étaient en Amérique du Nord, le « pays des possibilités illimitées », poussait à l'extrême dans tous les domaines les audaces de la technique, dont elle étendait chaque jour les conquêtes et multipliait les succès, construisant pour son compte les barrages les plus gigantesques, les usines les plus vastes, les gares les plus monumentales, les laboratoires les mieux outillés, et inondant le monde des machines les plus perfectionnées pour substituer l'engrenage d'acier à la main de l'homme. Fils de cette époque, qu'il domine dans son art par la force de l'imagination et la richesse des moyens, Richard Strauss en a partagé et représenté l'idéal de maîtrise et de puissance, exigeant de la musique ce que ses compatriotes obtenaient au même moment de la roue et de la courroie, tiraient du creuset ou de la cornue. Wagner, dont Richard Strauss reste indépendant, mais dont il tient compte, avait d'ailleurs étendu comme on sait le domaine, accru la puissance et amplifié le rôle de l'orchestre, donnant aussi dans *l'Anneau du Nibelung* et *les Maîtres-Chanteurs* l'exemple d'œuvres aux proportions inaccoutumées[12]. Pareillement, dans ses poèmes symphoniques, avec une hardiesse et une virtuosité éclatantes — mais dont l'éblouissement, nous le verrons, aveugle parfois plus qu'il n'éclaire —, Richard Strauss a voulu astreindre, rompre la musique aux tâches les plus scabreuses pour en faire une machine à fabriquer des images et des idées, et il en a exploité le pouvoir suggestif avec une tension d'effort qui a fini par relever du défi peut-être plus que du prodige.

Dès sa jeunesse, en 1886 (il était né en 1864), Richard Strauss avait préludé à ses futurs poèmes symphoniques par des souvenirs d'Italie *(Aus Italien)*, analogues, par leur caractère général, à ce que devaient être quelques années plus tard les *Impressions d'Italie* de Gustave Charpentier :

pages pittoresques, évocatrices, sensibles, mais sans ce ferment de lyrisme que veut le « poème symphonique ». De même que Liszt ajoutait à ses poèmes, sans les y comprendre, la *Faust-Symphonie* et la *Dante-Symphonie*, Richard Strauss donnera une *Symphonie domestique*, où figurent les personnages de la vie de famille et ses épisodes quotidiens, et une *Symphonie alpestre* qui, décrivant les étapes d'une excursion en montagne, sent un peu le syndicat d'initiative.

Le premier des poèmes symphoniques de Richard Strauss est son *Don Juan* (*op.* 20), d'après un poème où Lenau, en 1844, s'écartant de Byron comme de Gœthe dans son *Faust*, faisait du *dissoluto punito* de Da Ponte et Mozart un héros du désir toujours inassouvi, vaincu à la fin par le « dégoût » (disons le désenchantement) plutôt que par l'Enfer. Ce n'est donc pas une pièce que résume ici Richard Strauss, c'est un caractère qu'il cherche à traduire et des thèmes comme ceux-ci :

et

le premier, plus ardent au départ pour les conquêtes, le second plus triomphant, sonné par les cors, avec un panache d'insolence dans ce triomphe[13], ce qui est une nuance d'expression fort juste et qui parle d'elle-même. On sent aussi dans un lent thème chromatique descendant, chargé d'harmonies inquiètes, l'*amare aliquid* du poète. Quant à reconnaître parmi les épisodes du développement les attraits divers de la comtesse, de Zerline et d'Anna, la frivolité du carnaval où Don Juan trompe et grise son ennui, enfin, dans le *fa* d'une trompette, le coup de poignard qu'il reçoit de Don Pedro, c'est demander beaucoup peut-être à la divination de l'auditeur.

Macbeth (*op.* 23), qui a suivi de près *Don Juan*, lui est inférieur. La faute en revient peut-être au sujet qui, pour la composition d'un poème symphonique, offrait un grave inconvénient. L'ambition âpre et calculée d'un Macbeth se prête moins à l'expression musicale que l'ardeur de Don Juan. Mais surtout, tandis que dans *Hamlet*, celui de Shakespeare et, partant, celui de Liszt, l'intérêt se concentre tout entier sur le caractère d'un seul personnage, dans *Macbeth* il se scinde entre Macbeth et lady Macbeth, sans aller jusqu'au contraste, puisque tous deux sont complices des mêmes méfaits, des mêmes crimes et que l'amour réciproque des deux époux coupables n'est que le fil essentiel de leurs trames. Deux thèmes concourent à nous peindre l'âme de Macbeth : le premier, d'une marche ascendante, d'un rythme assuré, est le dessin de son ambition ; l'autre, incertain, partagé entre le mouvement descendant et le mouvement ascendant, est l'écho de ses hésitations. Un épisode plus troublant annonce lady Macbeth, dont l'amour qu'elle éveille pour l'exploiter emprunte un motif tout prêt à devenir dur et impérieux : des développements compliqués et furieux font allusion au drame que va jouer cette alliance de l'ambition et de l'amour. Lorsque, enfin, tout se tait à la mort du héros, le rappel, en mineur, du thème d'amour signifie que Macbeth en a été l'instrument et la victime.

Outre que les thèmes de *Macbeth* présentent beaucoup moins de relief, d'accent et d'éloquence que ceux de *Don Juan*, et leur enchevêtrement beaucoup plus de complication, l'expression et l'analyse des caractères y sont aussi plus abstraites. Leur suite, sans s'attacher dans le détail aux épisodes du drame, suppose un auditoire qui en soit instruit, et la « moralité » qui s'en dégage n'a pas l'ampleur d'allégorie ou de symbole qu'il faudrait pour couronner (et justifier) une œuvre de cette importance.

Dans deux autres œuvres, *Don Quichotte* (*op.* 35) et les *Équipées de Till Eulenspiegel* (*op.* 28)[14], Richard Strauss a poursuivi jusque dans le détail le plus minutieux l'analyse d'un caractère. Ni l'une ni l'autre ne portent d'ailleurs le titre littéral de poème symphonique : *Don Quichotte* s'intitule « Variations fantastiques sur un thème de caractère chevaleresque » et *Eulenspiegel* « les Joyeuses Farces de Till Eulenspiegel, mises à la manière burlesque d'autrefois en forme de rondo pour grand orchestre » : variations, rondo, formes ou procédés de la musique classique, sans souci d'idée, d'allégorie ou de symbole, mais dont l'unité du personnage qu'elles décrivent font dans les deux cas un « poème ».

Dès le début, *Don Quichotte* se partage entre un motif d'allure fanfaronne, où une gamme ascendante rapide semble darder la longue lance du Chevalier à la triste figure :

et un autre, d'une galanterie suffisante et ampoulée :

Au cours du développement s'y opposera — ou s'y unira — un thème dont la clarinette basse et le tuba ténor accentuent la lourde bonhomie :

et qui peint avec esprit Sancho Pança, de même qu'un motif aimable et calme — encore que moins parlant — évoque Dulcinée.

Quant à reconnaître, au cours des « variations », Don Quichotte plongé dans ses romans de chevalerie, en guerre contre l'empereur Alifanfaron, aux prises avec les pèlerins, faisant la veillée des armes, rencontrant Dulcinée, chevauchant dans les airs, naviguant dans la barque enchantée, combattant les magiciens et le chevalier de la lune, quant à reconnaître aussi, dans des harmonies un peu tourmentées, le penchant du Chevalier pour les raisonnements faux, il y faudrait une divination que la musique la plus adroite ne saurait donner à l'auditeur, même nourri et pénétré de Cervantès.

La technique du « poème symphonique » brille ici de tout son éclat : le principe en est absent.

Les Joyeux Tours de Till Eulenspiegel (*op.* 28) ne sont aussi que des variations, encore plus déchiquetées que celles de *Don Quichotte* et plus dépourvues de tout élément intellectuel ou symbolique. Là aussi, deux thèmes[15] :

et

d'une brusquerie et d'un caprice presque insolents. Leurs inépuisables métamorphoses énumèrent les cent tours qu'un chenapan a dans son sac, sans que nous ayons besoin de reconnaître des allusions précises à tel ou tel épisode de sa légende. Parfois, pour les besoins de sa cause, il fait le bon apôtre, avec un air d'insouciance,

jusqu'au moment où il grimpera à la potence : à sa chute par la trappe ouverte, un trille des flûtes rira du frémissement de ses derniers soubresauts[16].

Un thème naïf et calme comme celui d'une légende populaire encadre cette aventure musicale : on y croit entendre, au début, « il était une fois » et, à la fin, l'oraison funèbre d'un sacripant qui était « au demeurant le meilleur fils du monde[17] ».

Le plus ouvragé, le plus tourmenté, le plus détaillé des poèmes symphoniques de Richard Strauss, et qui n'en porte même pas le titre, est celui où la musique se suffit le mieux à elle seule, pour faire en effet un poème. Cela tient à deux raisons, l'une technique, l'autre plus profonde. Le nom seul d'Eulenspiegel évoque, pour chacun, les marmousets dont les huchiers allemands du XVIe siècle ont orné les stalles des cathédrales, magots tors et retors, cagneux, gibbeux, chez qui la bosse semble n'être que le ressort du bond : du Villon en bois sculpté. Un motif contorsionné, qui tour à tour serpente et jaillit, évoque à merveille tous ces aspects, sans qu'il soit besoin ici de fixer chaque variation sur un épisode. Mais l'unité — essentielle au poème symphonique — subsiste et circule sous toutes ces grimaces : le rachis d'un bossu, si tordu qu'il soit, n'en reste pas moins, lui aussi, une colonne vertébrale. Enfin Till est un personnage si familier au public allemand et si légendaire même ailleurs, que son nom suffit, mieux que celui de Prométhée, d'Hamlet, de Don Juan, de Don Quichotte, à évoquer des souvenirs et des images que la musique suscite parce qu'elle les retrouve.

Si, dans *Don Juan*, *Macbeth*, *Don Quichotte* et *Till Eulenspiegel*, Richard Strauss pousse au dernier degré, en musique, les expériences de suggestion concrète, pour suivre des épisodes, analyser des actions, dessiner des détails, il déploie dans *Ainsi parla Zarathoustra*[18] un même effort de suggestion abstraite.

L'attrait ou le défi — pour un artiste hardi et généreux, cela ne fait qu'un — de l'actualité ont sans doute attaché au *Zarathoustra* de Nietzsche la pensée de Richard Strauss, pour en donner un équivalent musical qui, dès le principe, ne pouvait être ni une traduction ni un résumé. *Ainsi parla Zarathoustra*, on le sait, ne constitue, en effet, ni ne renferme une doctrine close de philosophie ou de morale. C'est une suite, mais une suite sans ordre, d'aphorismes plus ou moins développés, mis par Nietzsche dans la bouche d'un sage hindou et dont chacun se termine par la formule : « Ainsi parla Zarathoustra. » Ils n'offrent pas plus d'unité ni de cohésion, sinon moins, que les *Essais* de Montaigne ou les *Pensées* de Pascal, et il ne viendrait à l'idée d'aucun musicien de mettre en poème symphonique les *Essais* ou les *Pensées*. Ces aphorismes de Zarathoustra valent isolément par le piquant de leurs apologues, l'audace ou le caprice de leurs paradoxes et surtout par la magnificence de la langue, la plus belle de toute la littérature allemande, avec celle de Gœthe, en tout cas la plus étincelante. À ce titre, Richard Strauss peut revendiquer une certaine parenté de talent, disons même, si l'on veut, de génie, avec Nietzsche. Cela ne suffit pas à établir un rapport d'ordre lyrique entre son poème symphonique et le livre de son modèle. Ce poème n'est qu'une rapsodie dont les fragments se suivent sans interruption, mais sans unité organique. Après le mystère des « hommes des mondes cachés » (littéralement : « ceux des mondes de derrière »), où un thème d'une simplicité mélodieuse n'a rien de si secret, c'est l'élan du « grand désir » où l'on n'est pas peu surpris d'entendre passer à la dérobée le thème du « Magnificat[19] », puis « les joies et les passions », plus agitées à vrai dire que joyeuses et auxquelles succède par contraste un « chant du tombeau » qui n'est pas particulièrement lugubre. « De la science » vient ensuite, figurée d'abord par une lente fugue, forme la plus stricte en effet et la plus savante de la composition musicale ; à la science fait suite « le Convalescent » chez qui la vie reprend jusqu'à la plus vive animation ; puis le « Chant de danse » auquel Richard Strauss applique un de ces rythmes de valse qui lui viennent facilement à l'idée jusque dans *Salomé* ou *Elektra* — sans parler du *Chevalier à la rose* (où ils sont assurément plus de saison). Le « Chant du somnambule » apporte à l'œuvre une conclusion d'une sérénité toute nocturne. On a vainement cherché dans ces pages successives le fil qui mènerait, selon l'idée fondamentale — d'ailleurs assez vague — de Nietzsche, de l'homme au surhomme. Cette interprétation ne soutient guère l'examen. Elle supposerait en effet un développement aboutissant à une sorte d'apothéose ou au moins de victorieuse transfiguration, alors que tout s'achève plutôt sur une impression de désenchantement et d'épuisement.

Dans ces pages souvent somptueuses, on en est donc réduit à chercher, l'une après l'autre, les références à

Nietzsche, que Strauss indique lui-même au début de chaque fragment. Mais, outre que ces allusions restent obscures ou vides pour l'immense majorité des auditeurs qui ne possèdent pas page par page leur Nietzsche, cette précaution jugée par lui nécessaire trahit l'artifice où est ici tombé Richard Strauss. Sa musique, si ingénieuse ou brillante qu'elle soit, semble nous présenter la traduction juxtalinéaire d'un texte, mais plus obscure que ce texte lui-même.

Entre l'excès de la description matérielle, que n'évitaient pas toujours *Don Juan*, *Macbeth*, *Don Quichotte* et même *Till*, et l'excès d'abstraction qui égare dans *Zarathoustra*, tout se passe comme si Richard Strauss avait tenté ou opéré une sorte de synthèse, avec *Mort et transfiguration* (*op.* 24) et *la Vie d'un héros*.

Dans *Mort et transfiguration* et *la Vie d'un héros*[20], Richard Strauss imagine lui-même son argument et établit son canevas. L'avantage est évident : l'idée poétique et l'invention musicale sortent ensemble de la même source, en intime concordance, en étroite union, mais cet avantage subjectif entraîne quelques inconvénients. D'abord, ces deux conceptions factices pèchent par une extrême banalité. Aussi rebattues en musique qu'en poésie, elles s'accommodent et se contentent de motifs eux-mêmes peu saillants et d'un style conventionnel. En outre, elles n'offrent plus rien en elles-mêmes pour piquer ou retenir l'attention et le sentiment de l'auditeur. Trop de précision ou trop de vague, tels sont les deux écueils entre lesquels nous avons vu souvent louvoyer le poème symphonique, sans qu'il évitât toujours l'un ou l'autre.

Les deux mots du titre dictaient ici d'une façon impérative le caractère de l'œuvre et en dessinaient le plan avec assez de clarté pour que les détails réalistes eux-mêmes y prissent une valeur expressive : épuisement, assaut de la mort, frissons de la fièvre, réveillant des souvenirs de rêve et d'action, dernières luttes de la vie, enfin, hymne puissant de l'au-delà. La netteté de motifs — parfois médiocres en eux-mêmes[21] — le contraste des harmonies tantôt suaves et tantôt âpres, la couleur variée et juste des timbres parlent ici un langage musical qui se passe de lexique ou de commentaire. Au cours du développement, un thème solennel et quelque peu emphatique :

d'abord à nu, puis enveloppé de riches harmonies, semble traduire les ambitions de la vie humaine. Le ton transparent d'*ut* majeur, un mouvement ralenti, des nuances apaisées, où ce thème ne perd malheureusement pas toute son enflure :

montrent la conquête définitive de son idéal atteint pour l'homme par la mort, dans la lumière et la sérénité de la transfiguration.

La Vie d'un héros est une sorte d'épopée, abstraite dans son principe, puisque le héros dont il s'agit n'a pas de nom, n'appartient à aucune époque, à aucun pays et n'a pas d'histoire individuelle. Il ne représente qu'une allégorie ou un symbole de l'héroïsme : on ne peut même dire qu'il en incarne les sentiments. Les épisodes mêmes de sa destinée imaginaire participeront de ce caractère et, en cela, l'œuvre répond à la définition la plus rigoureuse du poème symphonique : mais il y manque la sève humaine.

Un thème, plein d'un fier élan, sonne le départ du héros pour les conquêtes[22] :

mais l'on ne peut s'empêcher ici de reconnaître une certaine parenté du thème initial entre *Don Juan*, *Macbeth*, *Don Quichotte* et *la Vie d'un héros*, assimilation qu'un détail précisera plus loin. Les développements qui suivent et qui respirent le souffle aisé d'une assurance virile sont bientôt traversés par des rythmes et des motifs en zigzag, des harmonies et des timbres acérés où ricanent les railleries qui assaillent le héros. Un épisode plus tendre fait trêve à ses épreuves en y apportant les consolations de l'amour. Brève halte, après laquelle des fanfares appellent le héros au combat, non plus contre des railleurs, mais contre des ennemis. Après une lutte cruellement disputée, il s'endort dans la paix plutôt que dans la gloire. Le repos du sommeil éternel sera son seul triomphe : humilité dont le désenchantement contraste avec la fougue du départ...

Au cours de ce développement circulent quelques échos fragmentaires et fugaces de *Don Juan*[23], de *Don Quichotte*, de *Macbeth* et même de *Till Eulenspiegel*. À vrai dire un héros, qui tient, si peu que ce soit, de tous ceux-là, fait un personnage bien composite et décevant[24]. On comprend mieux que Saint-Saëns, dans son opéra *Déjanire*, dont Hercule est le protagoniste, reprenne le thème principal de *la Jeunesse d'Hercule*. Chez Richard Strauss ces souvenirs, à supposer que l'auditeur les saisisse et les reconnaisse, n'ont aucune portée objective. Ils font seulement de *la Vie d'un héros* le testament symphonique de l'auteur, héros lui-même — le plus souvent heureux et fêté — de l'art musical. De fait, *la Vie d'un héros* sera le dernier de ses poèmes musicaux, parmi lesquels ne se rangent ni la *Symphonie domestique* ni la *Symphonie alpestre*.

---

1. ↑ Faut-il rappeler que l'étymologie de ce nom voudrait après le *t* comme après le *p* une *h*, que l'usage a laissé tomber ?
2. ↑ Même portée par les élans ou animée par les derniers souffles du romantisme, la poésie française n'a jamais aspiré à la musique, cette terre promise ou ce paradis perdu de la pensée et de la poésie

allemandes, de Hegel aussi bien que de Novalis ou de E.-T.-A. Hoffmann. Quelques titres de poésies ou d'œuvres ne sont que des mots empruntés au vocabulaire musical : les *Harmonies poétiques et religieuses* ne sont pas du domaine sonore ; les symphonies de Victor de Laprade (1855) n'en ont pas la forme. Quant à la symphonie en blanc majeur, chantée par Théophile Gautier à la gloire de Mme de Moukhanoff-Kalergis (héroïne du groupe Wagner-Liszt), elle ne relève pas de la musique, mais de la peinture, où Gautier avait débuté.

3. ↑ Voir plus haut, p. 11.
4. ↑ Mais Victor Hugo en est peut-être responsable, avec son poème de *la Légende des siècles*, dont Saint-Saëns s'est souvenu, sans le rappeler.
5. ↑ La mésaventure de *l'Apprenti sorcier* de Gœthe ramène au plan terrestre et à la bonhomie de la vie prosaïque la légende de Phaéton : tout naturellement le *scherzo* symphonique de Paul Dukas reproduira donc le plan de *Phaéton*, les nappes d'eau s'y répandant comme faisaient là les flots de l'incandescente lumière.
6. ↑ Toujours l'exemple de la *Symphonie fantastique*.
7. ↑ Sans réminiscence thématique, le souvenir de la bacchanale de *Tannhäuser* est ici évident.
8. ↑ Saint-Saëns a écrit pour le piano à quatre mains, d'après Henri Heine, une composition, *le Roi Harald Harfagaard* qui, transcrite et développée pour l'orchestre, eût fait un « poème symphonique ». On peut, sans conjecture trop hasardée, imaginer les raisons qui l'en ont détourné, à savoir un sujet, d'une part trop étranger au public, d'autre part dépourvu de tout sens symbolique ou allégorique, double objection qui n'arrêtera ni les Russes ni beaucoup d'autres.
9. ↑ Il représente aussi, sur le plan national, ce que sont le lyrisme personnel et intime des deux quatuors auxquels Smetana donne le titre : *De ma vie*.
10. ↑ Idée reprise per Raymond Loucheur pour son *Poème de la Seine*, commandé pour l'Exposition universelle de 1937.
11. ↑ Après Smetana, *le Démon* de Napravnik, *l'Homme des eaux, la Sorcière de midi, le Rouet d'or, la Colombe de la forêt* de Dvorak ne sont que des œuvres descriptives et d'ailleurs secondaires.
12. ↑ *Zarathoustra durera* quarante-cinq minutes, ce qui, pour un poème symphonique, vaut bien les cinq heures du *Crépuscule des dieux*.
13. ↑ Il arrive que Richard Strauss, attaché surtout à l'effet, ne se montre pas très difficile sur la qualité de ses thèmes et que son Don Juan, par exemple, pousse ses conquêtes jusque dans l' « autre patrie » de la *Favorite* : et des thèmes comme ceux-ci :

14. ↑ Pas plus que pour Liszt, on ne suit ici pour Richard Strauss l'ordre chronologique, qui serait en réalité désordre : mieux vaut, pour en dégager le caractère général, grouper ensemble des œuvres que le caractère rapproche l'une de l'autre plus intimement que ne font les dates. Anton Rubinstein avait déjà consacré à la figure de Don Quichotte un poème symphonique, mais peu marquant et aujourd'hui oublié.
15. ↑ Les trois dernières notes du premier thème rappellent la basse de la danse paysanne dans la *Symphonie pastorale* de Beethoven.
16. ↑ On peut penser qu'une fantaisie comme le *Till Eulenspiegel* de Richard Strauss n'a pas été sans influence sur Igor Stravinsky dans *Petrouchka*.
17. ↑ En cela et en plus d'un autre passage, Till rappelle la charmante comédie musicale de Richard Strauss, *la Disette du feu*, qui se passe au temps de Till.
18. ↑ Richard Strauss donne à son *Zarathoustra* le titre de « poème musical *(Tondichtung)* librement d'après Fried. Nietzsche ».
19. ↑ Nietzsche, l'antichrétien par excellence, n'aurait-il pas désavoué ce thème de la liturgie romaine mis sous sa tutelle ?
20. ↑ La traduction littérale du titre allemand, *Ein Heldenleben* serait *Une vie de héros* : l'usage a consacré, en français, *la Vie d'un héros*.
21. ↑ Sous l'appareil somptueux et compliqué de ses œuvres symphoniques ou dramatiques, il subsiste souvent chez Richard Strauss une sorte de candeur ou de complaisance mélodique qui ne s'y accorde pas toujours très bien et fait disparate : on a l'impression de rencontrer Mendelssohn ou Brahms dans un labyrinthe. Cette nuance et ce contraste sont encore plus fréquents et plus accentués dans les symphonies de Gustave Mahler, mais là avec une affectation si évidente et si calculée qu'elle indispose au lieu de convaincre ou de séduire.
22. ↑ L'*Octuor* de Mendelssohn, qui est de tout repos, commençait avec le même « héroïsme ».
23. ↑ Dont, hélas ! l' « autre patrie » de *la Favorite* (voir plus haut, p. 63).
24. ↑ Des échos analogues d'œuvres antérieures ne sont pas sans exemple chez Mozart, où ils offrent souvent un sens ironique. J'ai cru pouvoir, ailleurs (*Mozart dans Mozart, Paris*, Desclée de Brouwer) en relever et en interpréter quelques-uns.

CHAPITRE IV

LES RUSSES

Les Russes du XIXᵉ siècle ont adapté à leur caractère et à leur goût national la formule du poème symphonique, sans d'ailleurs en conserver toujours le titre. Négligeant cet idéalisme qui en faisait chez Liszt le principe et le ressort, ils l'ont mis au service de la fantasmagorie populaire où voisinent légendes, féerie, sabbat, avec la richesse de leur coloris orchestral, tantôt cru et tantôt chatoyant, comme sont en Russie les bois peints ou les cotonnades bariolées de Nijni-Novgorod, le scintillement des émaux ou les paillettes des brocarts orientaux.

Balakirev a donné le modèle du genre dans *Thamar*, qui porte bien le titre de « poème symphonique » et une dédicace significative à Liszt. Il y chante, d'après Lermontov, les maléfices d'une Loreley slave. Du haut de sa tour, dominant un défilé du fleuve Terek, la reine Thamar, « belle comme un ange, méchante comme un démon », attire les chevaliers errants, qu'elle précipite ensuite dans les flots. Les séductions, d'abord caressantes, de la sirène agissent par un thème au rythme souple, balancé, aux ondulations mélodiques subtiles et raffinées, qui peu à peu s'anime, s'échauffe, prenant une puissance de tourbillon où s'enfle aussi le fleuve complice, prêt à engloutir le chevalier pris au piège, avant qu'alors ses flots ne s'apaisent et que le gouffre repu ne retrouve son sommeil immobile de secret linceul. Associant ainsi les sortilèges de la reine aux mouvements du fleuve, *Thamar* n'est pas seulement une page précieuse par l'expression de ses thèmes, l'éclat de ses timbres, le progrès de ses rythmes et de ses sonorités, avant le retour au silence funèbre : on y trouve bien les suggestions et l'unité d'un poème. *Sadko* et *Shéhérazade* de Rimsky-Korsakov lui devront beaucoup et *la Péri* de Paul Dukas quelque chose.

Avec Borodine, nous voyons comment un simple et immobile tableau devient lui aussi un poème vivant lorsqu'il implique, au-delà de ses images, soit une certaine conception de la nature, dont il chante un aspect, soit la vision d'un spectateur imaginaire, mais présent. C'est le cas de la fresque intitulée *Dans les steppes de l'Asie centrale* : l'immensité, n'y est en effet ni figurée ni mesurée — et pour cause —, mais ressentie, et elle ne peut l'être que par une âme humaine. Un détail presque matériel prend ici une importance et joue un rôle de symbole : je veux dire cette longue et persistante tenue des violons à l'aigu qui, au bout de la steppe, à perte de vue, trace la ligne ténue de l'horizon. Cette ligne, dans la nature, n'offre aucune réalité et se dérobe à qui voudrait l'atteindre. Elle n'est pas perçue mais imaginée par l'œil, ce compas de l'empire humain sur l'espace et les choses ; imaginée, c'est-à-dire créée et, en musique, cette création définit et fait le poème.

Les œuvres orchestrales de Rimsky-Korsakov qui relèvent de la musique à programme ne portent pas le titre de poème symphonique. *Antar* est une sorte de biographie ou d'épopée musicale, une « symphonie orientale » en quatre parties, dont chacune emprunte un épisode à la vie d'un chef légendaire : rencontre d'Antar et de la fée, les joies de la vengeance, les joies du pouvoir, les joies de l'amour. Dans chacun de ces morceaux revient un thème qui personnifie le héros. On pense au motif de la « bien-aimée », dans la *Symphonie fantastique* de Berlioz ou à la symphonie de Raff, *Lénore*. Mais l'unité, loi primordiale du « poème symphonique », fait ici défaut.

Cette unité de forme externe, la limitation à un seul morceau, se rencontre dans la délicieuse *Shéhérazade*. Mais c'est le sujet central qui y manque pour être un poème symphonique et autre chose que ce qu'elle est et veut être : une suite, une rapsodie, dont les fragments, tour à tour souples et véhéments, allant de la caresse au tourbillon, avec une grâce, une fantaisie, un caprice incomparables, n'ont d'autre intention que de captiver l'auditeur, comme Shéhérazade elle-même, nuit après nuit, charmait par ses récits les insomnies despotiques d'un sultan. On verra comment les « Ballets russes » de Serge de Diaghilev ont converti *Shéhérazade* en pantomime-ballet et l'action de cette métamorphose sur l'évolution récente du « poème symphonique ».

Dans *Sadko*, Rimsky procède directement de Balakirev et de *Thamar*[1]. Analogie de programme et de structure, sinon d'argument. Toutefois, si la mer y figure comme le fleuve de *Thamar*, elle n'y est qu'un décor passif, sans rôle symbolique. Le vaisseau d'un riche marchand, Sadko, étant arrêté au milieu d'une traversée, lui-même est précipité au sein des flots comme tribut au roi de l'Océan, pour permettre au navire de continuer sa route. Il se trouve au milieu d'un festin, offert par le Neptune slave, pour les noces de sa fille avec l'Océan. Sadko jouant de la lyre, le Roi et les siens se mettent à danser, danse de plus en plus animée, bientôt vertigineuse. L'Océan, gagné par ce tourbillon, engloutit le vaisseau. Sadko brisant les cordes de sa lyre, la danse cesse et la mer se calme. Tout se borne à peu près au tableau, d'ailleurs vif et pittoresque, de la danse.

La *Nuit sur le mont Chauve* de Moussorgsky n'était qu'une ébauche dont lui-même ne s'est jamais bien dépêtré, qu'il a esquissée pour le concert dès sa jeunesse, puis adaptée successivement à deux œuvres théâtrales, *Mlada* et *la Foire de Voronèje* et qu'après sa mort Rimsky-Korsakov a mise au point pour l'exécution. C'est une scène de sabbat, rude et trépidante, sans autre ressort poétique que cette âpreté et ce mouvement, mais qui offre cet intérêt historique d'annoncer le *Sacre du printemps*, d'Igor Stravinsky. Il n'y a rien non plus qui constitue un véritable « poème symphonique » dans les évolutions de la sorcière *Baba Yaga*, dessinées par Liadov.

Le *Stenka Razine* de Glazounov évoque un personnage historique pour le couronner d'une auréole légendaire, sans faire pourtant de son destin, réel ou transfiguré, un symbole, comme dans le *Mazeppa* de Hugo et de Liszt, un symbole, c'est-à-dire le sujet essentiel d'un véritable poème symphonique. Toutefois, les flots de la Volga, pour engloutir une captive, y jouent à peu près le même rôle que le Terek de *Thamar* : l'écho nous en est ici apporté par le célèbre chant des « bateliers de la Volga », qui donne au récit ou au tableau musical, une valeur de légende populaire.

Seul parmi ses compatriotes, le mélancolique, méditatif et inquiet Tchaïkovsky — pénétré d'ailleurs de germanisme musical — s'est interrogé sur le poème symphonique. Dans une lettre à Mme von Meck, il pose la question en des termes à peu près identiques à ceux de Liszt dans sa lettre à Lenz[2] : « Qu'est-ce réellement que la musique à programme ? Pour nous deux, vous et moi, un simple jeu de sons est bien éloigné d'être de la musique. Tout genre de musique est, à notre point de vue, de la musique à programme... L'inspiration d'un symphoniste peut être de deux sortes, subjective et objective. Dans le premier cas, les sentiments personnels de joie ou de tristesse sont exprimés dans la musique... Là, le programme est non seulement inutile, mais impossible. Il en va autrement lorsque le musicien, à la lecture d'une œuvre poétique ou à la vue d'un beau paysage, est enflammé d'enthousiasme pour caractériser musicalement le sujet qui le remplit d'une telle extase. Dans ce cas, le programme est indispensable et il est regrettable que Beethoven n'ait pas prévu de programme pour les sonates dont vous me parlez. » La première sorte de lyrisme était la plus conforme à la nature de Tchaïkovsky. S'il a posé avec clarté ce problème du lyrisme « subjectif » ou « objectif », il l'a mieux résolu sous la première forme, par exemple dans sa quatrième et surtout dans sa sixième symphonie (la célèbre « Pathétique ») que sous la seconde. Dans le seul poème symphonique proprement dit qu'il ait donné, *Françoise de Rimini*, l'élément de tendresse est charmant, mais le contraste entre l'amour des deux héros et les forces infernales dont cet amour triomphe n'a pas beaucoup de relief, Tchaïkovsky étant mieux fait pour chanter la douceur que pour peindre l'horreur.

Après lui, le *Poème de l'extase* de Scriabine, dont le titre seul est celui d'un programme pour un poème symphonique, ne donne à cette extase qu'une expression vague, hachée de tumultes énigmatiques.

---

1. ↑ L'œuvre est d'ailleurs dédiée à Balakirev.
2. ↑ Qu'il n'a sans doute pas connue (voir plus haut, p. 14).

CHAPITRE V

LES CONTEMPORAINS

Dans les pays septentrionaux, Grieg a été un musicien d'un accent national trop prononcé pour ne pas évoquer, dans une œuvre symphonique, un héros légendaire de sa patrie, *Sigurd Jorsalfar*. Mais il n'était pas l'homme des développements soutenus, et dans cette œuvre, où manque d'ailleurs l'allégorie ou le symbole du poème symphonique, on ne retrouve pas l'émotion ni la couleur de *Peer Gynt* ou des *Danses norvégiennes*.

En revanche, la poésie musicale dicte trois œuvres de Jan Sibelius, où l'âme et le caractère de son pays finlandais se reflètent avec une fidélité qui, à elle seule, suffit à faire le programme d'un poème. D'après le titre de *Finlandia*, chaque auditeur retrouve dans des thèmes populaires, exposés avec une solennité fervente et quasi religieuse, sa patrie familière et glorieuse, au cours d'une histoire traversée de luttes héroïques. La *Valse triste* exprime avec délicatesse la mélancolie qui peut rôder parmi les rythmes et les échos d'une fête. Enfin, le *Cygne de Tuonela* évolue lentement, avec sérénité, sur le lac légendaire que la

Finlande imagine au séjour des morts. Dans tout cela, nulle description de détail, mais une rêverie contemplative, un peu assoupie, sinon engourdie par l'étendue des plaines neigeuses, la longueur du sommeillant hiver, l'indécision crépusculaire du septentrion entre le jour et la nuit, qui se pénètrent presque, au lieu de se succéder. Poésie où les lèvres closes de la musique parlent un langage plus profond que les mots de la parole et qui justifie en l'illustrant, toute forme à part, le principe même du poème symphonique.

César Franck et son école, en particulier Vincent d'Indy, ont subi pendant une courte période l'influence du romantisme allemand où ils puisaient des sujets de compositions symphoniques et écoutaient les échos de la « gorge aux Loups » du *Freyschütz*. Franck lui-même donnait, en 1882, *le Chasseur maudit*, d'après une ballade de Bürger, page vigoureuse et pittoresque, où s'opposent avec une force symbolique le cor d'une chasse sacrilège et les cloches qui appellent à la prière, avant que l'obstination impie du chasseur qui viole la sainteté du dimanche ne le voue à la malédiction et à l'Enfer[1].

Il avait été précédé de cinq ans par la *Lénore* où le rare musicien que fut Henri Duparc interprète une légende de

Bürger[2] où il y a aussi une chasse fantastique, mais sans symbole.

Cette phase d'influence germanique fut peut-être pour Vincent d'Indy sa meilleure époque, puisqu'il lui doit, outre le *Chant de la Cloche*, son *Wallenstein*, « trilogie » symphonique d'après le drame de Schiller[3]. Comme, la veille, dans *Lénore* et, le lendemain, dans *le Chasseur maudit*, il y a une chevauchée fabuleuse dans sa *Forêt enchantée* (1878) d'après Uhland. Cela fait beaucoup de galops nocturnes en si peu d'années chez trois artistes du même groupe. Une telle répétition nous montre les compositeurs de poèmes symphoniques exposés à l'abus du poncif. Pittoresque et mouvementée dans la peinture du « Camp de Wallenstein », fervente pour chanter les amours de « Max et Thecla », grave à la « Mort de Wallenstein », la trilogie de Vincent d'Indy est une de ses œuvres les plus fortes, mais sa division en trois morceaux et son parallélisme avec les péripéties d'un drame en font tout autre chose qu'un véritable « poème symphonique ».

Sa *Saugefleurie*, comme la *Viviane* d'Ernest Chausson, autre élève de Franck, sont des « légendes » qui ramènent l'inspiration poétique et musicale d'Allemagne en France et du Harz à Brocéliande[4].

Plus tard, d'Indy analysera, avec la méthode la plus judicieuse, les impressions que laisse, le matin, l'après-midi et le soir, un *Jour d'été à la montagne*. Mais c'est encore un triptyque et non un poème symphonique, malgré la transformation adroite d'une robuste marche qui, le soir, ramène chez lui le travailleur, en un thème de pieuse méditation, avant le repos du sommeil[5]. Quant aux *Souvenirs*, dédiés par lui à la mémoire de la « bienaimée » (c'était sa première femme), le lyrisme appliqué en reste trop subjectif[6] et trop mat pour que l'on compte cette page, d'une inspiration d'ailleurs si respectable, au nombre des véritables poèmes symphoniques, où le lyrisme doit s'épanouir, pour se faire plus communicatif et plus objectif.

Deux poèmes symphoniques français de cette période marquent particulièrement : *l'Apprents sorcier* de Paul Dukas et la *Procession nocturne* d'Henri Rabaud[7].

> Die ich rief, die Geister,
> Werd' ich nun nicht los !

(« Les esprits que j'ai appelés, je ne puis plus maintenant m'en débarrasser »), cette moralité qui, chez Gœthe, élève une amusante ballade au rang d'apologue souverain, se vérifie chaque jour dans tous les domaines, où elle est devenue proverbiale, mais elle ressortit à la plus hautaine réflexion, non au cœur, ni au sentiment : elle échappe ainsi à la musique. Dukas était un artiste trop intelligent pour ne pas s'en aviser. Il n'a donc pas fini sur quelque phrase de conclusion grave et prédicante, comme le *Saint François de Paule* de Liszt ou le *Phaéton* de Saint-Saëns, mais par la formule magique qui ramène l'ordre, sans commentaire. Il n'a retenu de son sujet que l'élément pittoresque, le traitant d'ailleurs avec beaucoup d'imagination, d'esprit, d'éclat et d'art, que ce soit dans le mystère de la formule cabalistique qui déchaîne la danse du balai et le déluge du seau, dans le rythme boiteux de ce balai, accentué par la lourdeur goguenarde du basson ou dans l'inondation étalée sur le plancher de l'atelier en sabbat. Pour bien marquer dès l'abord son propos, pour en circonscrire les limites, il n'a eu garde de donner à *l'Apprenti sorcier* le titre de « poème symphonique » : il s'est borné à celui de « scherzo ».

La *Procession nocturne* d'Henri Rabaud reprend, au contraire, sous ce titre de « poème symphonique », une scène déjà traitée par Liszt dans un de ses deux « épisodes », d'après le *Faust* de Lenau[8]. D'où vient cette différence de titre, « épisode » et « poème symphonique », entre deux ouvrages où la nature du sujet a dicté un plan analogue : solitude mélancolique de Faust, passage et chant du pieux cortège, poignante amertume de Faust, dans cette nostalgie d'une foi naïve que lui inspirent la vue et le cantique des pèlerins ? Peut-être y a-t-il là un peu plus qu'une vaine question de terminologie. Liszt emprunte à la liturgie romaine, pour le cantique, le texte littéral du *Pange lingua*. Cette application exacte donne à la scène musicale un caractère documentaire qui ne la prive, certes, ni de poésie ni d'émotion, mais de cette liberté imaginative où il voyait le ressort essentiel du poème symphonique[9]. Chez Henri Rabaud, au contraire, le thème du cantique :

est de pure invention : thème extrêmement heureux dans sa simplicité, par son accent de candide ferveur, par sa structure de « répons », par sa patiente insistance de litanies, thème sinon profane, car il respire la foi, du moins libre de toute attache liturgique, dégagé par cette liberté de toute bride documentaire, fait ainsi pour élever l' « épisode » à l'indépendance et à la généralité du « poème ».

*
* *

Sous l'influence évidente des peintres impressionnistes et de Mallarmé, Debussy, le musicien à la fois le plus original et le plus sensible (dans le sens où on le dit d'une plaque photographique) aux modes de son temps, a donné des tableaux symphoniques d'une rare séduction, mais tout en mouchetures, en touches effleurées, en scintillements, en irisations, où on le trahirait en cherchant l'idée, l'allégorie, le symbole. Les plus précieuses de ces pages sont sans doute les deux premiers de ses trois *Nocturnes*, les « Nuages » que l'on voit troués par la lune intermittente, les « Fêtes » avec leurs lointaines bouffées d'échos. Les trois aspects de la *Mer* — une reproduction de la célèbre « vague » d'Outamaro sur la couverture de la partition est ici une profession de foi —, étincelants de reflets et de caprices, montrent parfois un peu de cette manière qui guette vite, en tout ordre, la virtuosité[10]. Le

Prélude à l'après-midi d'un faune donne l'impression la plus raffinée d'une atmosphère frémissante, et nous aurons l'occasion d'y revenir. Mais Debussy eût été le premier s'inscrire en faux contre la qualification de « poème symphonique », si l'on avait prétendu l'appliquer à quelqu'une de ces œuvres. Avec lui, le poème symphonique achève de s'émietter en poudre d'or.

*
**

Des œuvres, d'ailleurs très colorées, vibrantes et sensibles, comme celles d'Albeniz ou de Falla en Espagne et, à un moindre degré d'éclat, en Italie, les *Fontaines de Rome* et les *Pins de Rome* de Respighi, sont des tableaux musicaux, mais pas du tout des « poèmes symphoniques ».

*
**

Vous « dansiez » : j'en suis fort aise ;
Eh bien ! « chantez » maintenant.

La « dansomanie[11] », qui s'est déchaînée sur le monde et singulièrement sur Paris depuis 1900, avec la danseuse esthète Isadora Duncan, les ballets russes de Serge de Diaghilev[12] et leur séquelle internationale, où ne figurent hélas ! que trop notre Académie « nationale » et, à sa suite, l'Opéra-comique, a confondu les choses et brouillé les notions.

Quand Isadora Duncan assaisonnait de ses épaisses gambades la *Symphonie en la*, sous le préfexte que Wagner y a célébré l'apothéose de la danse (mais il entendait seulement par là le rythme....), elle en faisait pour beaucoup de gens un « poème symphonique ». Quelques années plus tard, Nijinsky et la Karsavina tromphant dans une adaptation chorégraphique, tout arbitraire, mais ingénieuse, de l'*Invitation à la Valse*, l'illustre morceau de Weber fut sacré à son tour « poème symphonique ». Dans le même temps, les hommes de Diaghilev imaginaient et réalisaient sous la *Shéhérazade* de Rimsky-Korsakov un scénario, d'ailleurs brillant et mouvementé, mais sans le moindre rapport avec la musique : ils en faisaient, pour l'immense majorité des spectateurs, un « poème symphonique », et cette fausse conception reste attachée à l'œuvre[13]. De même, la mimique géniale de Nijinsky dans l'adaptation du *Prélude à l'après-midi d'un faune*, cette ingéniosité étourdissante pour imaginer des gestes d'Ægypan, des frissons de chèvrepied, sous le moindre dessin musical, dressant l'oreille à ce lointain appel de cor :

ébauchant sous ce dessin de flûte :

l'esquisse d'une légère cabriole, il donnait à cette page frémissante et subtile un caractère descriptif tout à fait étranger à la pensée et au sentiment de Debussy. Car il ne suit ni ne commente le texte de Mallarmé : il y « prélude » par la simple exhalaison d'une atmosphère capiteuse, mais dire qu'il y prélude signifie qu'il ne s'y attache pas et que la dernière note doit s'éteindre avant que ne parle le premier mot.

Peut-être y avait-il moins d'arbitraire et d'infidélité à traduire par les poses plastiques d'une danseuse — après la *Salomé* de Richard Strauss et la danse des « sept voiles » dont la fille d'Hérodias se dépouille successivement[14] — les ingénieuses variations pour orchestre de Vincent d'Indy, *Istar*, inspirées d'une légende persane et où le thème, au lieu de se présenter d'abord sous sa forme intégrale pour être ensuite varié, n'arrive à la pureté de cette forme qu'après des variations dont chacune le dégage et le dénude peu à peu.

Voilà l'exemple de quelques œuvres auxquelles l'adaptation scénique confère après coup, d'une façon plus ou moins abusive, le caractère où s'attache l'idée du poème symphonique. Inversement, d'autres œuvres, conçues pour la danse ou la pantomime, allaient devenir quelquefois avec plus de raison, en passant du théâtre au concert, des « poèmes symphoniques ».

Le premier cas est celui de *la Péri*, « poème dansé » de Paul Dukas, créé aux Ballets russes pendant leur saison de 1912. Cette pantomime expose un argument assez amphigourique dans la manière de Saadi ou de Thomas Moore[15]. Un jeune prince persan, pour échapper au trépas qui le menace, dérobe à une péri qui la détenait la « fleur d'immortalité » (un lotus, bien entendu). Elle se met à danser pour séduire le prince et, au prix d'un frôlement de sa joue, sinon d'un baiser, parvient à récupérer le lotus magique, disparaissant aussitôt dans la lumière émanée soudain du pur calice, tandis que l'ombre du néant s'empare du prince.

Commandée par un entrepreneur de « ballets russes », brodée sur une de ces légendes asiatiques qui passent en voisines dans l'art russe, destinée à l'interprétation chorégraphique d'une danseuse russe, *la Péri*, pour toutes ces raisons, subit l'influence un peu lourde des compositeurs russes, Balakirev et Rimsky-Korsakov. C'est, en gros, une sicilienne russe. D'une minutieuse et inépuisable somptuosité sonore, elle ne retrouve pas, peut-être en raison du sujet, la verve et l'éclat de l'*Apprenti sorcier*. Ses développements, avec des thèmes sinueux et balancés, semblent moins soucieux de dégager l' « idée » du poème (le spectacle est là pour cela) que de faire valoir en voluptueuses spirales les reliefs alternes-externes d'une danseuse que l'ampleur de ses formes limitait, en fait de danses, aux « poses plastiques » : tous les ballets d'opéra au XIXe siècle comportaient un adage affecté à ce genre d'exhibition, témoin le solo de violoncelle du ballet de *Faust*[16] et le milieu de la bacchanale de *Samson et Dalila*. Sans doute, à la conclusion, le motif principal de la danse séduisante se change, grâce à une variation fort congrue, en un thème grave, sévère, annonciateur de la mort. Ce n'en est pas assez pour que *la Péri* serve à deux fins et, privée du spectacle, devienne, de « poème dansé », « poème symphonique ». Elle garde, avec un caractère trop occasionnel, une charge trop pesante d'ornementation pour une allégorie trop obscure et trop mince. Il lui reste — et c'est beaucoup — sa dense richesse.

La même expérience s'est montrée beaucoup plus favorable à deux œuvres de Maurice Ravel, la *Valse* et surtout le *Boléro*, écrites toutes deux pour accompagner une pantomime de Mme Ida Rubinstein, que piquait l'ambition de devenir la Sarah Bernhardt des entrechats. Pas plus que la *Valse* n'est « une » valse, « une danseuse » ne saurait y figurer « la danse ». Dans ce tableau bien enlevé, par touches légères et sûres, par bulles de rythmes et de timbres analogues à celles des *Fêtes* de Debussy, mais moins diverses et moins lointaines, Ravel évoque, au sens le plus vrai du terme, l'atmosphère d'un bal (qu'il date lui-même de 1855) avec sa frivolité aisée, son tourbillon de crinolines ruchées de tarlatane, sa poussière vaporeuse dorée par le reflet des girandoles et échauffée par la moiteur des épaules nues. Tout n'est ici que quintessence impondérable et diaphane. La matérialité du spectacle, une seule danseuse pour de bon sur la scène, accaparant l'attention, précipite cette poésie en suspension, arrête ce vertige ; elle en contredit la grâce et l'esprit. Que la musique, au concert, y règne sans partage, elle y ranime cette poésie, cette grâce et cet esprit. La *Valse* cesse d'être *une* valse, une danse, pour devenir un poème symphonique, au même titre que *Bruits de fête*, avec une suggestion plus précise de genre, de milieu et d'époque.

Effet plus frappant encore, plus puissant, plus intense dans le prodigieux *Boléro*. On sait à quel degré d'obsession et de quasi-hallucination Ravel atteint ici, avec des moyens en apparence très sobres, la monotonie obstinée du rythme, la nonchalance inlassable de thèmes traînants dont un rien de veulerie accentue l'indolence, une incroyable diversité de variations sonores pour la répétition entêtée de ces motifs et, à la fin, l'éclairement soudain de la modulation libératrice[17]. Le danseur ou la danseuse, dont cette musique fataliste (l'Arabie s'y survit dans l'Espagne) accompagne les évolutions, est peut-être le protagoniste du spectacle, il n'en est pas le personnage principal, je dirais le héros réel, si la réalité véritable n'était justement, ici, d'être imaginaire. Ce héros-là, ce n'est pas le danseur, mais l'oisif qui le contemple et subit l'emprise de sa danse comme celle d'une idée fixe, le spectateur au théâtre, mais mieux encore, l'auditeur au concert, où rien ne le dispute à cette possession. Cet ectoplasme, cette présence fantomatique n'ont leurs pareils, en musique, que dans certaines mélodies de Schubert, telles que *le Sosie, la Ville* ou *le Joueur de vielle*[18]. Voilà l'élément que, loin de la scène, retrouve le *Boléro* et qui, malgré son origine occasionnelle (qui entravait l'effet symphonique de *la Péri*) et sa destination primitive, en fait un « poème symphonique » dans le plein sens du terme, étant d'ailleurs la seule page de Ravel où il y ait de l'âme.

*
**

Par une action en retour, la scène a donc pu, en quelques occasions isolées, rouvrir au poème symphonique une source d'invention, sinon d'imagination et d'inspiration, que la désuétude du lyrisme avait d'autre part tarie peu à peu.

Une forme plus récente encore du spectacle exercerat-elle à son tour cette action ? Une des premières images animées qui, vers 1894, attirèrent la curiosité du public sur les débuts du cinématographe fut l'arrivée d'un train dans une gare de campagne[19]. Ce souvenir me revient toujours en écoutant le *Pacific 231* où Arthur Honegger traduit par une musique sommaire, mais puissante, comme le veut le sujet, la massive propulsion d'une « compound » géante. Tableau, certes, et non poème, car le sentiment, l'idée, le symbole y font volontairement défaut. Mais ce hasard — tout hasard n'enferme-t-il pas une leçon secrète ? — d'une rencontre d'objet entre le film à sa naissance et la musique descriptive à son apogée de puissance, d'ambition et d'audace, nous a toujours donné aussi à penser que l'écran réalise peut-être (rappelons-nous le rêve de Weber pour l'ouverture d'*Euryanthe*[20]) une portion de ce

« programme » longtemps poursuivi par la musique, et en particulier par tant de pages symphoniques. L'association contractuelle de l'image mouvante avec une musique appropriée n'a peut-être pas donné jusqu'ici tous les fruits qu'on en pouvait attendre. Dans bien des cas, il semble que cette musique insufflerait à cette image toute superficielle la vie interne qui y manque. En revanche, fixant la musique dans les tâtonnements de ses recherches descriptives, elle la « relèverait » en partie de ce service secondaire et aventureux, la libérerait de cette servitude un peu mesquine qu'elle s'impose quelquefois avec un excès de minutie ou d'ambition, la rendrait tout entière à sa sœur, la poésie [21].

Je ne me hasarde pas à prédire ou même à prévoir qu'il en sera ainsi. La prophétie est quelquefois possible en matière de science, mais non en fait d'art. L'homme le plus intelligent qui ait jamais vécu, Aristote, a de la sorte annoncé que l'esclavage pourrait disparaître quand la navette marcherait toute seule. Les « anticipations » de Jules Verne, du colonel Driant et de H. G. Wells ont devancé — à moins long terme — la navigation sous-marine et aérienne, avec tout ce qui s'est ensuivi : personne, avant Wagner ou Debussy, n'aurait seulement imaginé ce que seraient un jour les *Maîtres Chanteurs* ou *Pelléas* (que je ne mets pas — tranquillisons les mânes de M. Croche ! — sur le même rang...). Avide seulement de l'immédiat et du concret, notre époque a perdu, avec les vues élevées et sereines de l'esprit, non seulement la flamme intime du lyrisme, mais le goût et le sens même de l'allégorie. La musique s'en ressent comme le reste. Pour que le « poème symphonique », fidèle à son origine et à son objet, se dégageât du détail superficiel, de la minutie pittoresque, de l'acharnement descriptif et, à l'autre pôle, de l'erreur d'une abstraction excessive, sans doute faudrait-il à la musique, qui peut en rendre les vibrations, mais non pas le tirer du néant, l'écho d'un monde où le sentiment se reprendrait à respirer et le cœur à battre.

1. ↑ Quelle que soit leur valeur, les autres œuvres pour orchestre de César Franck, malgré leur titre de « poème symphonique », n'en sont pas. Les *Éolides*, d'après Leconte de Lisle, et les *Djinns*, d'après Victor Hugo (d'Indy lui-même, dans son livre si chaleureux sur Franck ne les donne que comme une ébauche des *Variations symphoniques*), ne sont que des tableaux, d'une imagination un peu pesante. La division de *Psyché* en trois parties, où interviennent des chœurs, exclut cette poétique méditation du « poème symphonique ».
2. ↑ Dont Raff avait déjà tiré une symphonie en quatre parties.
3. ↑ Sujet déjà traité en musique par Rheinsberger.
4. ↑ Depuis *Pelléas*, lorsque l'on parle de Brocéliande, beaucoup de personnes distinguées, trompées par la rime, prennent le Pirée pour un homme et la forêt de Brocéliande pour une princesse de rêve, du type de Mélisande...
5. ↑ Ce motif est celui du *Virgo prudentissima*, emprunté au Magnificat de l'Assomption, jour insigne entre les « jours d'été », idée fort judicieuse dans une œuvre qui en évoque les heures.

6. ↑ D'Indy emprunte à une de ses œuvres déjà anciennes, le *Poème des Montagnes*, pour piano, le thème de la « bien-aimée » ; cette allusion n'a de sens que pour lui ; elle échappe aux auditeurs et donne à l'ensemble ce caractère subjectif et confidentiel, d'où ne se dégage que le lyrisme d'un vrai « poème symphonique ».
7. ↑ *L'An mil*, de Gabriel Pierné, qui connut un certain succès, en 1898 — et qui, d'ailleurs, contient une partie chorale —, était une sorte de parade symphonique assez pittoresque, mais nullement un « poème », malgré son titre.
8. ↑ Voir plus haut, p. 43. — Je tiens de lui-même — et n'ai aucune raison d'en faire mystère — qu'Henri Rabaud, quand il écrivit la *Procession nocturne*, ignorait celle de Liszt, aujourd'hui encore à peu près inconnue en France.
9. ↑ Dans *la Bataille des Huns*, qui n'est pas un « épisode », mais un poème symphonique, le thème liturgique du *Crux fidelis* produit avec le bruit de l'assaut païen l'effet de contraste sur lequel repose l'œuvre.
10. ↑ Les *Images*, qui présentent le même caractère superficiel — au sens le moins péjoratif du terme — sont d'une moindre valeur.
11. ↑ C'est le titre d'un ballet qui faisait fureur à l'Opéra, dans le premier tiers du XIXe siècle.
12. ↑ À propos d'un petit article où, à la mort de Diaghilev, j'avais essayé de définir son rôle, Paul Dukas, dont les boutades avaient souvent plus de sens et de fond que celles de Debussy ou de Ravel, me disait un jour de ce célèbre impresario (auquel il devait pourtant la commande de *la Péri*) : « Il a tué la musique pour cinquante ans. »
13. ↑ C'est aujourd'hui le tour de la *Symphonie en ut majeur* de Bizet ! Je tiens de Reynaldo Hahn qu'un directeur d'Opéra l'avait consulté sur une idée qui lui avait poussé de faire danser des « motets du XIIIe siècle » et des cantates de Bach...
14. ↑ Par la date de sa composition, *Istar* (1897) est antérieure à *Salomé* (1906), qui la précède par la date de la représentation.
15. ↑ Je ne me prononce pas sur son authenticité : jusqu'à preuve du contraire, il sent pour moi la contrefaçon.
16. ↑ Sous cet adage qui veut, qui montre jusqu'à l'évidence une danseuse faisant admirer la lente souplesse de son buste et de l'envers, on en voit une aujourd'hui à l'Opéra, qui égrène des pointes rapides et menues. C'est là un de ces contresens chorégraphiques et musicaux, dont l'absurdité choquerait un enfant de dix ans, mais auxquels l'Académie nationale de musique et de danse est devenue aveugle et sourde, sous l'égide de saint Guy.

17. ↑ Dans *la Habanera*, Raoul Laparra avait déjà exprimé d'une façon saisissante, poignante, ce sentiment d'obsession maléfique, mais il était soutenu par les épisodes du drame et le spectacle. Un poème symphonique d'un musicien de talent, M. Louis Aubert, d'après Baudelaire, porte aussi le titre et élabore un rythme de habanera.
18. ↑ Cette assimilation, toute lointaine qu'elle soit, n'est pas de ma part un mince éloge. On sent aussi, je l'ai noté, une présence invisible de cette nature dans les *Steppes* de Borodine.
19. ↑ Me sera-t-il permis, puisque je n'y suis pas en cause, d'évoquer ici un souvenir de collège ? Préparant la licence de philosophie, j'étais alors au lycée Henri-IV l'élève de Bergson. Ces premières projections mouvantes sur l'écran l'intéressaient, le préoccupaient et, si j'ose dire, l'intriguaient au plus haut degré. Il y faisait de fréquentes allusions et y revenait avec insistance, y voyant une sorte de synthèse ébauchée par la vie (celle de la rétine) entre ce « continu » et ce « discontinu » dont les *Données immédiates de la conscience* et *Matière et Mémoire* (qu'il devait publier deux ans plus tard) cherchent à résoudre l'opposition et les conflits.
20. ↑ Une projection de « lanterne magique ».
21. ↑ Une œuvre comme *le Livre de la Jungle* de Charles Kœchlin, avec ses essais subtils, ingénieux, hardis pour peindre, comme ferait un Breughel explorateur, le grouillement d'une faune multiforme dans les rets des lianes tropicales, serait moins animée peut-être par un *film* documentaire, qu'elle-même ne l'illustrerait, ne l'animerait, ne le mettrait en valeur.

QUELQUES MOTS

EN GUISE DE BIBLIOGRAPHIE

Ce serait pécher contre le sens commun et au moins, par la plus ridicule démesure, contre l'équilibre, que d'accrocher aux courtes pages d'un modeste essai l'appendice trop lourd d'une volumineuse « bibliographie ».

Pour le lecteur, à qui n'est pas dû, somme toute, l'accès du laboratoire, pas plus qu'au convive celui de la cuisine, dont on ne lui montre pas l'armoire aux provisions, les sources réelles et véritables du moindre travail, s'il ne s'y agit pas d'une pure et simple compilation, doivent se chercher et se trouver dans les œuvres mêmes qu'on y a étudiées, plus que dans les études dont elles ont pu déjà faire ailleurs l'objet total ou partiel.

Lorsque le savant Georges Perrot, alors directeur de l'École normale supérieure, présenta aux élèves Gustave Lanson, qui venait d'y être nommé professeur de littérature française, il leur recommanda en ces termes leur nouveau maître : « Soyez attentifs à l'enseignement de

M. Lanson : tout ce qu'il vous dira, il l'a lu. » De ce compliment, resté légendaire dans les annales de l'Université, nul n'a jamais su s'il était une balourdise — dont Perrot passait pour coutumier — ou un brocard. Sur le moment, l'esprit frondeur qui souffle dans toute école avait naturellement choisi la première hypothèse : certains travers de l'érudition moderne, si remarquable par d'autres mérites, parleraient aujourd'hui pour la seconde...

Évitant sur ce point les excès de la mode actuelle, bornons-nous donc à un petit nombre d'indications sommaires. Le lecteur désireux d'exercer son contrôle sur l'auteur ou d'entamer pour son propre compte des investigations sur le sujet qui vient d'être ici traité, sait par avance qu'il devra consulter : 1° les dictionnaires de musique (en particulier Grove et Riemann) ; 2° les histoires générales de la musique ; 3° les ouvrages spéciaux consacrés à chacun des maîtres dont il a été question.

Pour le reste, j'ai rappelé au passage, outre les écrits de Liszt lui-même, l'article capital de Saint-Saëns, dans ses *Portraits et souvenirs*, sur les poèmes symphoniques de celui-ci.

Il suffira d'y ajouter deux livres essentiels sur la « musique à programme » : Klauwell, *Geschichte der Programmusik* et Fr. Niecks, *Programme-Music in the four last centuries*, mais ces deux ouvrages, d'une haute valeur historique et d'une grande utilité, riches répertoires de noms, de titres et de dates, ne font pas entre la « musique à programme » et le « poème symphonique » proprement dit la différence d'espèce à genre qu'il m'a paru nécessaire de marquer, de définir et, dans des limites restreintes, d'analyser d'après quelques exemples significatifs.